Carlo Luciano Weichert

Eifersucht: Beziehungskiller Nr. 1

Die

Angst vor

sexueller Untreue

Wenn Liebe durch Eifersucht zerstört wird

Eifersucht, ein Gefühl, das aus Liebe geboren wird, aber oft in Schmerz und Leid umschlägt, was kaum jemand versteht.

Eifersucht kann ein Zeichen von Liebe sein… aber sie kann auch Beziehungen vergiften, Vertrauen zerstören und zu Kontrolle und Leid führen.

Wieviel Eifersucht ist „normal"? Wann wird sie gefährlich? Und vor allem:

Wie kann man mit ihr umgehen, bevor sie die Liebe erstickt?

Dieses Buch bietet nicht nur tiefgehende Einblicke in die Ursachen und Auswirkungen von Eifersucht, sondern auch praktische Strategien, um diese Emotion zu verstehen und zu überwinden. Erlebe, wie aus einem vermeintlichen Schutzmechanismus ein Beziehungskiller werden kann und entdecke Wege, um Liebe und Vertrauen wieder herzustellen.

Ob Du selbst unter Eifersucht leidest oder in einer Beziehung mit einem eifersüchtigen Partner bist – dieses Buch hilft Dir, Klarheit zu gewinnen und Wege aus dieser emotionalen Spirale zu finden.

Lass Dich inspirieren, Deine Beziehungen zu heilen und Liebe neu zu entfachen. Denn wahre Liebe sollte niemals in Leid enden.

Herzlichst Ihr / Euer

Carlo Luciano Weichert

Carlo Luciano Weichert

Eifersucht:
Beziehungskiller
Nr. 1

Die

Angst vor

sexueller Untreue

Impressum

© 2025 Carlo Luciano Weichert
Verlag: BoD · Books on Demand GmbH, Überseering 33,
22297 Hamburg, bod@bod.de
Druck: Libri Plureos GmbH, Friedensallee 273, 22763 Hamburg
ISBN: 978-3-7693-7631-9

Coverbild: BoD

Bilder: Pixabay

Danken möchte ich an dieser Stelle meiner Lektorin Beatrice, die mir mit ihrer freundlich - kritischen Art viele Hinweise und Tipps zu den Themen gab und die mir half, den „Fehlerteufel" in diesem Buch zu bekämpfen.

Wichtig:
Die geschilderten Fallbeispiele, Namen und Inhalte sind entsprechend meiner schriftstellerischen Freiheit frei erfunden oder stark verändert.

Eventuelle Ähnlichkeiten mit lebenden Personen und deren Lebenssituationen sind rein zufällig.

Inhaltsverzeichnis:

1

„Sind Sie eifersüchtig?"

Frage: „Sind Sie eifersüchtig… oder Ihr Partner / in… oder kennen Sie jemanden, der eifersüchtig ist?

Na, dann wissen Sie ja sicher, worüber ich hier schreibe… oder wissen Sie das noch nicht….oder möchten Sie mehr darüber erfahren?

O.k., dann lesen Sie einfach dieses Buch… und lassen Sie sich überraschen.

Ich bin sozusagen „Eifersucht-geschädigt," beginnend von Erlebnissen in meiner Familie, später in den Partnerschaften und natürlich durch all den Schilderungen meiner Patienten in 30 Jahren therapeutischer Gruppen- und Praxisarbeit.

Es ist fast unglaublich, was ich insbesondere in den Familientherapien in den Gesprächen zwischen den Paaren zum Thema Eifersucht alles hören und erleben musste.

In den Praxisbeispielen können Sie so manches davon lesen…

Und klar, kam dann oft auch die Frage: Ja, wo kommen denn diese Emotionen her, welche oft in den Partnern toben, diesen bespitzeln, kontrollieren, verdächtigen, Fremdgehen unterstellen usw.?

Dieses Buch versucht Ihnen ausführlich Antworten auf all diese Fragen zu geben, Antworten, welche Sie vielleicht verblüffen werden oder nachdenklich machen…

Also, sind Sie nun eifersüchtig oder nicht?"

Was dieses Buch möchte:

Dies ist kein „wissenschaftliches" Buch, Sachbuch oder Ratgeber, wobei insbesondere die Psychologie bei der Betrachtung der eifersüchtigen Persönlichkeiten hier nicht zu kurz kommen wird.

Sachbuch…sicher, aber Ratgeber?

Das kommt darauf an, was Sie lieber Leser, aus diesem Buch für sich herauslesen und mitnehmen möchten.

Selbsterfahrungsbuch… unbedingt!

Ich beschreibe hier das Phänomen der Eifersucht aus gut 30-jähriger psychotherapeutischer Praxiserfahrung, aus vielen Beobachtungen und psychotherapeutischen Gesprächen mit eifersüchtigen Menschen, (und deren Co-Abhängige Partner/innen), aus der Arbeit mit therapeutischen Gruppen und klar: auch aus eigener Erfahrung.

Da ich Märchen liebe, werden Sie auch hier Märchen, Geschichten und Szenarien finden, welche sehr viel mit Eifersucht zu tun haben.

So kompliziert wie die Eifersucht selbst, so ist dieses Buch ein Versuch, Sie anhand vieler Praxisbeispiele, Märchenerzählungen und psychologischer Erklärungen durch die Hintergründe und Probleme der Eifersucht zu führen, welche eifersüchtige Menschen mit sich selbst haben…

und welches Leid und Chaos diese oft in den Seelen ihres Partners – ihrer Partnerin, bei ihren Kindern und Familien anrichten können.

… und nun wünsche ich Ihnen / Euch / Dir viel nachdenkliche Freude beim Lesen und … viele neue Erkenntnisse, vielleicht auch ein tieferes Verständnis des Partners / in und über sich selbst.

Herzlichst Ihr / Euer

Carlo Luciano Weichert

Heilpraktiker,
Gesprächs-, Familien- u. Hypnosetherapeut

La Palma, im Mai 2025

Hallo…

hier bin ICH:

der schlafende, zeitweise auch feuerspeiende Drache namens Eifersucht…

der den Schatz, das Leben, die Jungfräulichkeit oder die Ehre meines Besitzers verteidigen möchte, soll, muss.

Aber meist, meist bin ich auch ganz, ganz lieb…

Teil 1

Eifersucht
hat viele
Gesichter

Teil 1- Eifersucht hat viele Gesichter

Eifersucht ist ein Angst - Phänomen der Seele, ein tiefgreifendes menschliches Gefühl mit dem Zweck:

Bewahren, Bewachen, Verteidigen...

das in allen Kulturen und zu allen Zeiten zu finden ist. Nur, wie es wahrgenommen, ausgedrückt und gelebt wird, das hängt stark von der jeweiligen Kultur und jedem Einzelnen ab.

Schon auf der 2. Seite unserer Bibel wird von dieser Angst-Emotion zum 1. Mal berichtet, als KAIN seinen Bruder ABEL aus Zorn, Neid, Missgunst und Eifersucht erschlägt.
Und unsere Weltgeschichte ist bis in die heutige Zeit, voll von Störungen und Zerstörungen, von Kriegen, Morden und Unglücken auf dem Hintergrund von Zorn, Neid, Missgunst und Eifersucht.

In den Partnerschaften gilt Eifersucht heute als der Beziehungskiller Nr. 1.

Geschichte und Hintergründe:

Das Wort „**Eifersucht**" stammt aus dem Althochdeutschen und setzt sich aus zwei Teilen zusammen: „**Eifer**" und „**Sucht**".

1. „**Eifer**" kommt vom althochdeutschen *„eivar"* und mittelhochdeutschen *„eiver"*, was so viel wie „brennender Eifer", „Emsigkeit" oder „leidenschaftliches Streben" bedeutet.

Es steht also für eine starke innere Anspannung oder An-
strengung, etwas zu erreichen oder zu bewahren.

2. **„Sucht"** in diesem Zusammenhang hat nichts mit der
   heutigen Bedeutung von Abhängigkeit zu tun, sondern
   stammt von althochdeutsch *„suht"* (Krankheit, Leiden) ab.
   Früher wurde es verwendet, um ein starkes, quälendes
   Verlangen oder eine schmerzhafte Empfindung auszudrücken.

Zusammengefügt bedeutet „Eifersucht" also so etwas wie
„schmerzhaftes, leidenschaftliches Streben" oder **„qualvol-
ler Eifer"** und beschreibt das intensive, oft schmerzhafte Gefühl,
etwas (meist die Liebe und Aufmerksamkeit einer anderen Person) nicht verlieren zu wollen:

Also Bewahren, Bewachen, Verteidigen

Die genaue „Erfindung" des Begriffs lässt sich nicht auf eine ein-
zelne Person zurückführen, da er sich über Jahrhunderte in der
deutschen Sprache entwickelt hat. Er ist also eher das Produkt
einer sprachlichen Evolution als eine gezielte Wortschöpfung. In-
teressant ist, dass in vielen anderen Sprachen das Wort für Eifersucht vom lateinischen „zelus" (Eifer, Eifersucht) abgeleitet ist,
wie etwa „jealousy" (Englisch) oder „jalousie" (Französisch).

Kulturelle Hintergründe:

- **Antike und Mittelalter:** In der Antike galt Eifersucht oft
  als Zeichen von Schwäche oder moralischem Makel. Im
  antiken Griechenland wurde Eifersucht (griechisch:
  „phthonos") sogar als Sünde betrachtet. Im Mittelalter hingegen wurde sie eher als Zeichen wahrer Liebe interpretiert, da man glaubte, dass nur derjenige eifersüchtig ist,
  der tief empfindet.

- **Christentum:** In der christlichen Tradition wurde Eifersucht negativ bewertet, da sie mit Neid und Missgunst verbunden wurde – Eigenschaften, die als „Todsünden" gelten. In der Bibel wird Eifersucht sowohl als menschliche Schwäche als auch als Attribut Gottes beschrieben (zum Beispiel als „eifersüchtiger Gott", der keine anderen Götter neben sich duldet).
- **Moderne westliche Kultur:** In der heutigen westlichen Welt wird Eifersucht ambivalent gesehen. Einerseits gilt sie als „normal" oder sogar als Liebesbeweis („Wer nicht eifersüchtig ist, liebt nicht wirklich"). Andererseits wird sie auch als Zeichen von Unsicherheit und Besitzdenken interpretiert, was besonders in einer Zeit, die auf Individualität und Freiheit setzt, negativ bewertet wird.

Wann wird Eifersucht problematisch?

- **Wenn sie zu Kontrolle, Besitzdenken, Aggression oder Selbstwertproblemen führt.**
- **Wenn sie das Vertrauen in der Beziehung zerstört und die Freiheit des Partners einschränkt.**
- **Wenn sie krankhafte Züge annimmt (z. B. „Eifersuchtswahn"), was dann behandlungsbedürftig ist.**

Neid, Missgunst oder Eifersucht?

Oft werden Neid, Missgunst und Eifersucht im alltäglichen Sprachgebrauch vermischt, doch in diesem Zusammenhang galt **Neid** früher als Todsünde – also das Missgönnen dessen, was andere haben. **Eifersucht** hingegen ist **stärker auf Verlustangst** bezogen. Dennoch werden beide Begriffe häufig miteinander in Verbindung gebracht, da sie ähnliche emotionale Wurzeln haben.

Neid (lat. invidia)

Definition: Neid ist das **Gefühl des Missgönnens** gegenüber einer Person, die etwas besitzt oder erreicht hat, was man selbst nicht hat, aber gern hätte.

Es kann sich auf materielle Dinge (Geld, Besitz) oder immaterielle Werte (Erfolg, Ansehen, Fähigkeiten) beziehen.

Emotionale Wurzel: Neid basiert auf einem Gefühl der Unterlegenheit und dem Wunsch, das Gewünschte des anderen zu besitzen.

Eifersucht

Definition: Eifersucht ist die Angst, etwas zu verlieren, das man bereits hat – meist in Bezug auf zwischenmenschliche Beziehungen, insbesondere in Liebesbeziehungen.

Eifersucht entsteht aus der Befürchtung, dass jemand anderes einem die Liebe, Zuneigung oder Aufmerksamkeit einer nahestehenden Person „streitig machen" könnte.

Der Arme und der Reiche

Ein Märchen der Brüder Grimm

Vor alten Zeiten, als der liebe Gott noch selber auf Erden unter den Menschen wandelte, trug es sich zu, daß er eines Abends müde war und ihn die Nacht überfiel, bevor er zu einer Herberge kommen konnte. Nun standen auf dem Weg vor ihm zwei Häuser einander gegenüber, das eine groß und schön, das andere klein und ärmlich, und gehörte das große einem reichen, das kleine einem armen Manne.

Da dachte unser Herrgott 'dem Reichen werde ich nicht beschwerlich fallen: bei ihm will ich übernachten.' Der Reiche, als er an seine Türe klopfen hörte, machte das Fenster auf und fragte den Fremdling, was er suche. Der Herr antwortete 'ich bitte um ein Nachtlager.' Der Reiche guckte den Wandersmann von Haupt bis zu den Füßen an, und weil der liebe Gott schlichte Kleider trug und nicht aussah wie einer, der viel Geld in der Tasche hat, schüttelte der Reiche mit dem Kopf und sprach 'ich kann Euch nicht aufnehmen, meine Kammern liegen voll Kräuter und Samen, und sollte ich einen jeden beherbergen, der an meine Tür klopft, so könnte ich selber den Bettelstab in die Hand nehmen. Sucht Euch anderswo ein Auskommen.' Schlug damit sein Fenster zu und ließ den lieben Gott stehen.

Also kehrte ihm der liebe Gott den Rücken und ging hinüber zu dem kleinen Haus. Kaum hatte er angeklopft, so machte der Arme schon sein Türchen auf und bat den Wandersmann einzutreten. 'Bleibt die Nacht über bei mir,' sagte er, 'es ist schon finster, und heute könnt Ihr doch nicht weiterkommen.'

Das gefiel dem lieben Gott, und er trat zu ihm ein. Die Frau des Armen reichte ihm die Hand, hieß ihn willkommen und sagte, er möchte sichs bequem machen, sie hätten nicht viel, aber was sie haben, dass gäben sie von Herzen gerne. Dann setzte sie Kartoffeln ans Feuer, und derweil sie kochten, melkte die Frau ihre Ziege, damit sie ein wenig Milch dazu hätten. Und als der Tisch gedeckt war, setzte sich der liebe Gott nieder und aß mit ihnen, und schmeckte ihm die einfache Kost gut, denn es waren vergnügte Gesichter dabei. Nachdem sie gegessen hatten und Schlafenszeit war, rief die Frau heimlich ihren Mann und sprach 'hör, lieber Mann, wir wollen uns heute nacht eine Streu machen, damit der arme Wanderer sich in unser Bett legen und ausruhen kann: er ist den ganzen Tag über gegangen, da wird einer müde.' 'Von Herzen gern,' antwortete er, 'ich wills ihm anbieten,' ging zu dem lieben Gott und bat ihn, wenns ihm recht wäre, möchte er sich in ihr Bett legen und seine Glieder ordentlich ausruhen. Der liebe Gott wollte den beiden Alten ihr Lager nicht nehmen, aber sie ließen nicht ab, bis er es endlich tat und sich in ihr Bett legte: sich selbst aber machten sie eine Streu auf die Erde.

Am andern Morgen standen sie vor Tag schon auf und kochten dem Gast ein Frühstück, so gut sie es hatten. Als nun die Sonne durchs Fensterlein schien und der liebe Gott aufgestanden war, aß er wieder mit ihnen und wollte dann seines Weges ziehen. Als er in der Türe stand, kehrte er sich um und sprach 'weil ihr so mitleidig und fromm seid, so wünscht euch dreierlei, das will ich euch erfüllen.' Da sagte der Arme 'was soll ich mir sonst wünschen als die ewige Seligkeit, und daß wir zwei, solang wir leben, gesund dabei bleiben und unser tägliches Brot haben; fürs dritte weiß ich mir nichts zu wünschen.' Der liebe Gott sprach 'willst du dir nicht ein neues Haus für das alte wünschen?, 'O ja,' sagte der Mann, 'wenn ich das auch noch erhalten kann, so wär mirs wohl lieb.' Da erfüllte der Herr ihre Wünsche, verwandelte ihr altes Haus in ein neues, gab ihnen nochmals seinen Segen und zog weiter.

*****

Es war schon voller Tag, als der Reiche aufstand. Er legte sich ins Fenster und sah gegenüber, ein neues reinliches Haus mit roten Ziegeln, wo sonst eine alte Hütte gestanden hatte. Da machte er große Augen, rief seine Frau herbei und sprach 'sag mir, was ist geschehen? Gestern abend stand noch die alte elende Hütte, und heute steht da ein schönes neues Haus. Lauf hinüber und höre, wie das gekommen ist.' Die Frau ging und fragte den Armen aus: er erzählte ihr „gestern abend kam ein Wanderer, der suchte Nachtherberge, und heute morgen beim Abschied hat er uns drei Wünsche gewährt, die ewige Seligkeit, Gesundheit in diesem Leben und das notdürftige tägliche Brot dazu, und zuletzt noch statt unserer alten Hütte ein schönes neues Haus." Die Frau des Reichen lief eilig zurück und erzählte ihrem Manne, wie alles gekommen war. Der Mann sprach 'ich möchte mich zerreißen und zerschlagen: hätte ich das nur gewußt! der

12

Fremde ist zuvor hier gewesen und hat bei uns übernachten wollen, ich habe ihn aber abgewiesen.' 'Eil dich,' sprach die Frau, 'und setze dich auf dein Pferd, so kannst du den Mann noch einholen, und dann mußt du dir auch drei Wünsche gewähren lassen.'

Neid, Missgunst, Eifersucht

Der Reiche befolgte den guten Rat, jagte mit seinem Pferd davon und holte den lieben Gott noch ein. Er redete fein und lieblich und bat' er möchts nicht übelnehmen, daß er nicht gleich wäre eingelassen worden, er hätte den Schlüssel zur Haustüre gesucht, derweil wäre er weggegangen: wenn er des Weges zurückkäme, müßte er bei ihm einkehren. 'Ja,' sprach der liebe Gott, 'wenn ich einmal zurückkomme, will ich es tun.' Da fragte der Reiche, ob er nicht auch drei Wünsche tun dürfte wie sein Nachbar. Ja, sagte der liebe Gott, das dürfte er wohl, es wäre aber nicht gut für ihn, und er sollte sich lieber nichts wünschen. Der Reiche meinte, er wollte sich schon etwas aussuchen, das zu seinem Glück gereiche, wenn er nur wüßte, daß es erfüllt würde. Sprach der liebe Gott 'reit heim, und drei Wünsche, die du tust, die sollen in Erfüllung gehen.'

Nun hatte der Reiche, was er verlangte, ritt heimwärts und fing an nachzusinnen, was er sich wünschen sollte. Wie er sich so bedachte und die Zügel fallen ließ, fing das Pferd an zu springen, so daß er immerfort in seinen Gedanken gestört wurde und sie gar nicht zusammenbringen konnte. Da ward er zuletzt ärgerlich und rief ganz ungeduldig 'so wollt ich, daß du den Hals zerbrächst!' Wie er das Wort ausgesprochen hatte, plump, fiel er auf die Erde, und lag das Pferd tot und regte sich nicht mehr; damit war der erste Wunsch erfüllt. Weil er aber von Natur geizig war, wollte er das Sattelzeug nicht im Stich lassen, schnitts ab, hings auf seinen Rücken, und mußte nun zu Fuß gehen. 'Du hast noch zwei Wünsche übrig,' dachte er und tröstete sich damit. Wie er nun langsam durch den Sand dahinging und zu Mittag die Sonne heiß brannte, wards ihm so warm und verdrießlich zumut, der Sattel drückte ihn auf den Rücken, auch war ihm noch immer nicht eingefallen, was er sich wünschen sollte. 'Wenn ich mir auch alle Reiche und Schätze der Welt wünsche,' sprach er zu sich selbst, 'so fällt mir hernach noch allerlei ein, dieses und jenes, das weiß ich im voraus, ich wills aber so einrichten, daß mir gar nichts mehr übrig zu wünschen bleibt.' Manchmal meinte er, jetzt hätte er es gefunden, aber hernach schiens ihm doch noch zu wenig. Da kam ihm so in die Gedanken, was es seine Frau jetzt gut hätte, die säße daheim in einer kühlen Stube und ließe sichs wohl schmecken. Das ärgerte ihn ordentlich, und ohne daß ers wußte, sprach er so hin 'ich wollte, die säße daheim auf dem Sattel und könnte nicht herunter, statt daß ich ihn da auf meinem Rücken schleppe.' Und wie das letzte Wort aus seinem Munde kam, so war der Sattel von seinem Rücken verschwunden, und er merkte, daß sein zweiter Wunsch auch in Erfüllung gegangen war.

Da ward ihm erst recht heiß, er fing an zu laufen und wollte sich daheim ganz einsam in seine Kammer hinsetzen und auf etwas Großes für den letzten Wunsch sinnen. Wie er aber ankommt und die Stubentür aufmacht, sitzt da seine Frau mittendrin auf dem Sattel und kann nicht herunter, jammert und schreit. Da sprach er 'gib dich zufrieden, ich will dir alle Reichtümer der Welt

14

herbeiwünschen, nur bleib da sitzen.' Sie schalt ihn aber einen Schafskopf und sprach 'was helfen mir alle Reichtümer der Welt, wenn ich auf dem Sattel sitze; du hast mich daraufgewünscht, du mußt mich auch wieder herunterwünschen.'

Er mochte wollen oder nicht, er mußte den dritten Wunsch tun, daß sie vom Sattel ledig wäre und heruntersteigen könnte; und der Wunsch ward alsbald erfüllt. Also hatte er nichts davon als Ärger, Mühe, Scheltworte und ein verlorenes Pferd:

Die Armen aber lebten vergnügt, still und fromm bis an ihr seliges Ende.

Eifersucht in meinen Mut – Mach - Büchern

Einige meiner Bücher greifen das Thema Eifersucht aus unterschiedlichen Perspektiven auf und bieten damit eine wertvolle Ressource und Ergänzung für Menschen, die entweder selbst betroffen sind oder mit eifersüchtigen Partnern zu tun haben.

Bezug zu diesem Buch: Eifersucht:

Beziehungskiller Nr. 1, Die Angst vor sexueller Untreue

Dieses Buch hier zielt darauf ab, die Mechanismen und Ursachen von Eifersucht zu beleuchten und Hilfestellungen zum Umgang damit zu geben. Das Buch greift nicht nur die emotionalen und psychologischen Hintergründe auf, sondern bietet auch praxisnahe Lösungen und reflektiert über die zerstörerische Kraft von Eifersucht in Beziehungen.

Synergien zwischen meinen Büchern:

- **Es gibt auch eine starke Verbindung zu meinem Buch:**
- **„Ich möchte dich endlich einmal verstehen":** Dieses Buch beleuchtet Persönlichkeitsstrukturen und deren Einfluss auf Partnerschaften.
- **Ergänzung zum anderen Buch:**
- **„Alkohol, Du hast mir sehr weh getan":** Eifersucht und Suchtverhalten haben starke Parallelen, insbesondere im Hinblick auf Kontrollverlust, emotionale Abhängigkeit und Vertrauensprobleme.
- **Ergänzung zum weiteren Buch:**
- **„Seelenkrisen- Partnerkrisen"** in dem mit vielen Praxisbeispielen (aus meinen Radiosendungen) die Probleme des Lebens und der Partnerschaften beleuchtet werden.

Siehe dazu am Schluss dieses Buches die Liste meiner Bücher

Teil 2

„Wer ist die
Schlampe,
mit der Du gevögelt hast...?"

Nichts ist uns

unbekannter, unberechenbarer

und mächtiger

als unsere Gefühle

Teil 2- „Wer ist die Schlampe, mit der du gevögelt hast?"

Praxisbeispiel:

Nichts ist uns unbekannter, unberechenbarer und mächtiger als unsere Gefühle

In einer Therapiesitzung erzählte mir Herr F. fassungslos nachfolgende Geschichte:

„Mein Kollege Hans und ich, wir mussten auf ein Fortbildungsseminar der Firma ins Ausland. Es war wegen der Stofffülle anstrengend und mäßig langweilig.
Abends, nach dem Essen, saßen wir fast immer mit Kollegen und Kolleginnen noch in der Hotellobby und spülten den Staub des Unterrichts herunter. Unser Betrieb zeigte uns seine Großzügigkeit dadurch, dass sich Hans und ich ein Doppelzimmer teilen mussten. So waren wir 10 Tage wie ein Ehepaar Tag und Nacht zusammen.

Einige Tage nachdem wir wieder daheim waren, war der sonst so lustige, offene und redselige Hans in sich gekehrt, sah verärgert aus. In der Pause sprach ich ihn einfach darauf an (Männer haben oft so ihre eigene Form der Sprache dazu) „Hey, is was, krank oder verärgert?" fragte ich ihn so nebenher.
„Ach frag bloß nicht", antwortete Hans sofort, „meine Frau macht einen Riesenaufstand wegen des Seminars. Die ist so was von giftig und sie macht mir mit ihrer Eifersucht das Leben zur Hölle. Die tobt herum und schreit mich immer wieder an, mit welcher Schlampe ich während des Seminars immer gevögelt habe?

Dabei hatten wir a) ein Zimmer zusammen und b) hatte ich keine Lust auf andere Frauen und c) gab es auch gar keine Gelegenheit dazu und d) und last not least: Ich hätte so was nie getan, meine Tanja ist eine tolle Frau, also wozu brauche ich andere Weiber im Bett?

Aber die mit ihrer beschissenen Eifersucht, macht mir immer wieder Stress." (Merke: Männer reden ztw. deftig!)

Hans ging es nicht mehr so gut. Er hatte irgendwie seine Lebendigkeit verloren, machte verbissen seine Arbeit, zog sich auch in den Pausen zurück, in denen wir sonst oft miteinander redeten.

Nach 3 Monaten mussten wir beide zum 2. Fortbildungsseminar. Hans meinte eigentlich habe er gar keine Lust, ihm reiche schon das Theater vom letzten Mal mit seiner Frau.

Denn wenn er weg sei, dann verfolge ihn seine Tanja mit Sicherheit wieder mit ihrem „Kopfkino" und er müsse sich dann wieder wochenlang danach ihre Vermutungen, Mutmaßungen, Verdächtigungen und Anklagen anhören und sich dafür auch noch - für nichts und wieder nichts - verteidigen und rechtfertigen

Erklärungen zu Kopfkino und Eifersucht

Kopfkino ist ein Begriff, der die lebhaften - oft selbst konstruierten - Bilder beschreibt, die in unserem Gehirn ablaufen, wenn wir an bestimmte Situationen oder Szenarien denken.

Kopfkino ist wie ein Film, der in unserem Kopf abgespielt wird. Diese mentale Vorstellungskraft kann sowohl positive als auch negative Emotionen hervorrufen.

Beispiele:

- **Positive Kopfkino-Szenarien:**

19

Das Vorstellen eines bevorstehenden Urlaubs, das erste Date mit jemandem, auf den man sich freut, oder das Visualisieren eines zukünftigen Erfolgs.

- **Negative Kopfkino-Szenarien**:

Sorgen oder Ängste über Geschehnisse, (z.B. bei Eifersüchtigen:

Untreue oder Fremdgehen des Partners/in), das Wiedererleben peinlicher oder unangenehmer Situationen aus der Vergangenheit, oder das Vorstellen schlimmer Ereignisse in der Zukunft (Worst-Case-Szenarien).

Diese Vorstellungen können eine starke Wirkung auf die Gefühlslage haben und beeinflussen wie der Mensch denkt, sich fühlt und danach handelt.

Kopfkino spielt meist eine bedeutende Rolle bei der Eifersucht, weil sich der Geist der/des Eifersüchtigen gern Szenarien erschafft, die aufgrund seiner Ängste aus seinem eigenen Unterbewusstsein entstehen.

Hier sind einige Aspekte, wie Kopfkino und Eifersucht zusammenhängen:

1. **Negative Vorstellungen**:

Wenn man eifersüchtig ist, kann das Kopfkino dazu führen, dass man sich vorstellt, wie der Partner Zeit mit einer anderen Person verbringt oder in einer Weise handelt, welche die Beziehung gefährden könnte.

Insbesondere lebhafte Vorstellungen von Fremdgehen mit Bettgeschichten sind hier häufiger Inhalt solcher Gedankenkarusselle.

Diese können sehr lebendig und detailliert sein, **auch wenn sie absolut nicht der Realität entsprechen...**

Aber, das Fatale daran ist: **Für den Eifersüchtigen sind seine Vorstellungen wahr.**

Sie wühlen in seinen Gefühlen, erzeugen Wut und sie lösen oft schlimme Emotionen aus.

Verstärkung von Unsicherheiten: Kopfkino kann bestehende Minderwertigkeiten, Unsicherheiten, Misstrauen und Ängste verstärken.

Wenn man sich ständig vorstellt, dass der Partner untreu ist oder das Interesse verliert, kann das die eigenen Unsicherheiten und die Eifersucht noch weiter verstärken.

2. **Emotionale und körperliche Reaktionen:**

Die Bilder und Szenarien im Kopfkino können starke emotionale Reaktionen hervorrufen, wie Wut, Traurigkeit oder Angst. Sie können zu Misstrauen, Missempfindungen, zu Neid und zu schweren Auseinandersetzungen und Konflikten in der Beziehung führen.

Diese Emotionen können auch das Verhalten und den Körper in seiner Arbeit beeinflussen. Dadurch können psychosomatische Störungen oder Krankheiten entstehen.

Typisch dafür sind dann: Kopfweh, Schlaf-, Eß- und Verdauungsstörungen, Herzprobleme, wie: Herzstiche, -Klopfen, -Rasen, Muskelschmerzen, hoher Blutdruck, Schwindel usw.

3. Geistige Verzerrungen:

Kopfkino führt oft zu „geistigen Verzerrungen" denn der Eifersüchtige glaubt, dass das, was er/sie sich vorstellt wahrscheinlicher ist, als es tatsächlich der Fall ist.

Der/die Eifersüchtige nimmt alles oder interpretiert alles im Licht der eigenen Vorstellungen und Gedanken, seiner Ängste und Eifersucht - als Wahrheit.

Jede Verteidigung oder nur der geringste Versuch einer Gegendarstellung seines Partners / in wird sofort wütend als Lüge oder Betrug zurückgewiesen.

4. Oft massive Sprache:

Wenn eifersüchtige Menschen gerade in einer Eifersuchtsphase sind und sie für ihre Darstellungen, Beobachtungen, Wertungen usw. nicht recht bekommen, dann ist plötzlich „Sturmflut in ihren Gefühlen."

Dann können diese sich oft nicht mehr kontrollieren und sie werden schnell sehr heftig, wütend und oft ausfallend und verletzend.

Manche von ihnen „rasten dann direkt aus" und werden hysterisch.

Sie schreien dann herum und sparen dabei nicht mit Anklagen, Beschimpfungen, Verdächtigungen, Beschuldigungen und mit Kraftausdrücken aus der „untersten Schublade."

Somit zerstören eifersüchtige Partner auf die Dauer das Seelenleben des Partners / in und / oder die Partnerschaft selbst.

Viele Therapeuten halten dieses zwanghaft eifersüchtige Verhalten für krankhaft oder gar für psychopathisch.

Es sind oft nicht die Dinge, die uns beunruhigen, wütend oder verzweifelt machen.

Oft sind es unsere eigenen inneren Gedanken, Bilder oder Szenarien,
welche wir uns über andere vorstellen.

„Die hatte noch nie Vertrauen zu mir"

Praxisbeispiel: Herr F. erzählt weiter: (Teil 2)

„Während des Seminars wurde Hans immer stiller, passte oft nicht auf, zog sich abends zurück. Ich sah ihn oft mit dem Handy telefonieren und da wir wieder gemeinsam ein Zimmer hatten, piepste oft in der Nacht sein Handy und er bekam eine WhatsApp nach der anderen.

An der letzten Fortbildung, nach 6 Monaten, nahm Hans nur noch lustlos teil. Er war mürrisch, starrte nur noch vor sich hin, war abwesend und als ich auch noch sah, dass er Tabletten schluckte, sprach ich ihn direkt auf sein Verhalten und meine Beobachtungen in den letzten Monaten an.

Hans sagte erst gar nichts, saß wie ein „begossener Pudel" da, sackte immer mehr in sich zusammen und schließlich weinte er. Der große, lustige, liebenswerte Hans weinte? Ich verstand die Welt nicht mehr.

„Ich werde mich scheiden lassen", sagte Hans.

„Ich tue das nicht gern, denn eigentlich liebe ich meine Frau und die ist normalerweise auch topp in Ordnung.

Aber ihre beschissene Eifersucht, dieses ständig angeklagt und verdächtigt zu werden, dieses sich immer wegen nichts und wieder nichts rechtfertigen und verteidigen zu müssen, um am Ende doch immer zu hören, dass ich ein Lügner und Betrüger bin, das macht mich fix und fertig und immer wieder alles kaputt.

Du hast keine Ahnung, welche Hölle ich daheim mit Tanja schon seit Jahren deshalb durchmache und seit unseren Fortbildungen erst recht.

Außerdem trinkt sie wenn ich nicht daheim bin, was mich richtig ankotzt und wenn sie mich dann oft mit lallender Stimme anruft,

wenn ihre eifersüchtigen Fantasien toben oder ich sie abends er-
leben darf.

Und ständig unterstellt sie mir irgendwelche Weibergeschichten.
Wenn wir im Restaurant beim Essen sind, tobt sie hinterher, ich
hätte wieder irgendwelchen Frauen auf den Busen gestarrt, oder
sie fragt plötzlich:

Na, steht er Dir schon? Und solchen Mist.

Sie kontrolliert meinen Schreibtisch, durchwühlt meine schrift-
liche Post, kontrolliert mein Internet, meinen Handyspeicher,
belauscht Telefonate mit Kunden, bei Terminen im Außendienst
und macht mir ständig irgendwelche Szenen, weil sie immer
meint, irgendetwas zu bemerken oder zu wissen und ständig ver-
dächtigt sie mich, dass ich wieder mit irgendeiner Schlampe im
Bett war.

Es graust mir schon, abends heim zu kommen und mich ständig
wegen ihres Kopfkinos, ihrer völlig sinnlosen Vorstellungen ver-
teidigen zu müssen.

Das Problem ist, dass sie mir einfach nicht glaubt, sondern ihren
bescheuerten Vorstellungen, die aber völlig unwahr und dane-
ben sind."

Schamanen? … ist doch völlig bescheuert!

„Aber nun kommt es noch schlimmer: Viel schlimmer, denn sie
telefoniert im Internet für teures Geld, das habe ich in den Konto-
auszügen gesehen, immer wieder mit irgendwelchen sogenannten
Schamaninnen oder Wahrsagerinnen und… denen glaubt sie mehr
als mir.

Und nun stell Dir vor: wir waren doch zusammen auf den Semi-
naren, hatten gemeinsam das Zimmer usw.

Tanja haut mir nun ständig um die Ohren, dass ich sie belügen
und betrügen würde, denn diese Wahrsagerinnen haben ihr doch
tatsächlich gesagt, ich hätte jedes Mal irgendwelche Weiber im
Bett gehabt.

Und seither beschimpft sie mich nur noch als Fremdgeher, Ehebrecher und im Streit wurde sie sogar ausfallend. Sie beschimpfte mich sogar als beschissenes und verlogenes Arschloch, als Lügner und Betrüger.

Ich halte das alles nicht mehr aus, insbesondere diese Ungerechtigkeiten und dass sie mehr Vertrauen zu solchen Schamanen und Wahrsagern hat, als zu mir.

Und deswegen werde ich mich scheiden lassen."

Scheiss Voodoo - Voodoo

Hans, der Realist, ist tief enttäuscht wegen der Trunksucht und der schrecklichen Eifersucht, mit all den unguten Szenen seiner Tanja und er ist stinksauer auf jede Form von Esoterik, Wahrsagen und Voodoo – Voodoo. Nur – so frage ich mich: wie kann es zu diesen „Aussagen" gleich mehrerer „Wahrsagerinnen" kommen, welche der Tanja jedes Mal bestätigt haben sollen, ihr Mann habe während der Seminare immer Frauen im Bett gehabt?

Erklärungsversuch von mehreren „Wahrsagerinnen", welche ich zu diesem Fall befragt habe:

Diese sagten mir:
Wahrsager/innen folgen in der Regel mit ihren Methoden – den Fragestellungen ihrer Klienten.

Alles das sind Energien, die mit Hilfe von Karten, Pendeln, Tarot usw. an die sogenannte „Geistige Welt" weitergegeben werden... und deren Antworten dann von den Wahrsagerinnen oder sensiblen Medien empfangen werden....(so stellt man es sich vor!).

Nur im Fall der eifersüchtigen Tanja waren anscheinend die Energien IHRER EIGENEN ANGSTVORSTELLUNGEN in ihrem „Kopfkino" so stark, dass mehrere Wahrsagerinnen NICHT das langweilige Seminar von Hans, sondern die „Bettszenen" aus

Tanjas Kopfkino empfangen und ihr dann ihre eigenen Angstvorstellungen bestätigt haben...

Fatal, nicht wahr...mit dramatischen Folgen für das seelische Wohl von Tanja und Hans und für deren Ehe!

Ich meine dazu:

Darüber nachzudenken sei auch, ob das überhaupt korrekt und ethisch ist, sich hinter dem Rücken einer anderen Person, (in diesem Fall von Hans) noch dazu ohne dessen Wissen und Einwilligung, sich per Channeln, Karten, Pendel usw. irgendwelche Informationen von Wahrsagern zu holen, ohne dass der andere seine Genehmigung zum „Herumschnüffeln" in seinem Leben gegeben hat und er/sie sich nicht dagegen wehren kann, wie im Fall von Hans.

Fazit:

Hans hat sich nach einem weiteren Jahr, aufgrund der ständigen Verdächtigungen und Beschimpfungen seiner Frau und der Zerrüttung seiner Ehe, durch die exesshafte Eifersucht, das Misstrauen und den ständig zermürbenden Streit von seiner Frau scheiden lassen.

Im Grunde ist es ein Drama, denn beide haben sich immer sehr geliebt.

Aber Tanja, Tanja ist durchzogen von vielen kindlichen Ängsten, insbesondere von Gefühlen der Minderwertigkeit, nichts wert zu sein und nicht geliebt zu werden.
Sie wird beherrscht von tiefem Misstrauen, insbesondere gegenüber ihrem Ehemann, den sie am liebsten einsperren und überwachen würde.

Tanja ist also eine extrem eifersüchtige Angstpersönlichkeit, mit einer überschäumenden Emotionalität und Fantasie.

Tanja wird das so lange bleiben (und damit u.U. noch einige Partnerschaften und Ehen zerstören), bis sie ihre Minderwertigkeitskomplexe und ihre partnerschaftszerstörenden Angst - Eifersucht - Programme (vielleicht auch durch Therapie) kennen- und beherrschen gelernt hat.

Mehr dazu über die Persönlichkeitsstruktur von Tanja können Sie in meinem Buch: *„Ich möchte dich endlich einmal verstehen"* nachlesen .

Teil 3

Ängste...

die dunklen Mächte in unserem Unterbewusstsein

Teil 3- Ängste...
Die dunklen Mächte in unserem Unterbewusstsein

Um die oft fatale Wirkung von Eifersucht zu verstehen, müssen wir uns jetzt erst einmal mit dem Fundament der Eifersucht beschäftigen, nämlich mit dem Thema:

Die Angst in unserem

Unterbewusstsein.

Die meisten Menschen wissen oder ahnen überhaupt nicht, dass sie versteckte und oft mächtige Angst - Energien in ihrem Unterbewusstsein tragen.

Aber, sie zeigen diese Ängste durch ihr Verhalten:

Sie sind eventuell schüchtern, zurückhaltend, nachdenklich, trauen sich vieles nicht zu, wollen nicht auffallen, sind sehr angepasst, geben gern nach oder sie sind das Gegenteil davon, weil sie gelernt haben ihre Ängste zu überspielen:

Andere zeigen sich anmaßend, aufsässig, hochfahrend, aggressiv, arrogant usw.

Ängste beeinflussen also nicht nur unsere Gefühle und unser Denken, sondern auch unser Verhalten, und...sie sind die wahren Ursachen für Missgunst, Neid, Zorn und Eifersucht.

Nachfolgend zum Thema Angst eine kleine Anekdote:

„Die Welt geht unter…"

In einem kleinen Wald wohnte unter einer Palme ein kleiner Hase.

Der hatte eine Mutter, die ihm schon sein ganzes Leben immer und immer wieder erzählte, wie groß und feindlich doch diese Welt sei.

Ganz wichtig wäre, man müsse in allem und mit allen sehr vorsichtig sein, ob diese auch ehrlich und wahrhaftig sind, diese es gut mit einem meinen, diese nicht hintenherum sind und einen belügen oder gar betrügen… also, man müsse im Leben mit allen Freunden, Bekannten, auch Partnern (innen) immer argwöhnisch, misstrauisch und vorsichtig sein, denn man könne ja nie wissen, also wirklich niemanden so richtig vertrauen.

Also machte sich (auf dem Hintergrund dieser ständigen Mutterbotschaften) auch unser kleiner Hase immer sehr, sehr viele Gedanken, hatte wenige Freunde und zog sich von allen zurück, wurde argwöhnisch und misstrauisch, denn er sah bald (wie seine Mutter es ihm anerzogen hatte) überall Probleme, fühlte sich überall und von jedem hintergangen, belogen und betrogen.

Eines Nachts konnte er wieder vor lauter Sorgen nicht schlafen und er dachte sich: „Was soll ich nur machen, wenn die Welt untergeht, denn ich kann doch niemandem vertrauen?"
Da fiel eine Dattel mit einem Plumps ins Gras. Das klang für den kleinen Hasen wie ein Kanonenschuss. Wie vom Blitz getroffen, fuhr er hoch und raste in panischer Angst los. Sein Nachbar fragte ihn: „Was rennst du denn so?" Der kleine Hase rief:

„Frag nicht, lauf, die Welt geht unter." Da rannte ihm der Nachbarhase nach.

Ein dritter, vierter, fünfter usw. Hase rannte hinterher, und alle schrien: „Die Welt geht unter!", „Die Welt geht unter!" ... Und alle Tiere des Palmenwaldes schlossen sich an und so rasten bald Tausende von Tieren voller Panik über die Ebene.

Der Löwe im Küstenwald hörte von Fern das Donnern der flüchtenden Tiere und er sah sie in einer Staubwolke heranrasen. Da brüllte er so laut, dass die Erde erzitterte. Das Brüllen war so ungeheuer, dass alle davon noch mehr erschraken und Angst hatten. Und so kam die riesige Schar atemlos zum Stehen. Der Löwe fragte die Elefanten: „Was ist denn mit Euch los? Warum flieht ihr denn?"
Die Elefanten antworteten: „Die Welt geht unter." – „Woher wisst ihr das?" – „Die Büffel haben es gesagt." Da fragte der Löwe die Büffel: „Woher wisst ihr das?" – „Die Tiger haben es gesagt." Doch die Tiger verwiesen den Löwen an das Nashorn, das Nashorn an die Hirsche, die Hirsche an das Wildschwein, das Wildschwein an die Gazellen, die Gazellen an die großen Hasen und die großen Hasen an die kleinen Hasen - bis schließlich der kleine Hase zitternd vor dem gewaltigen Löwen stand.

Der fragte ihn: „Und woher weißt du es?" Der Kleine antwortete zitternd, wie er auf der Flucht schon tausendmal geantwortet hatte: „Die Welt geht unter." Der Löwe fragte ruhig: „Hast du es gesehen?" – „Ja - das heißt - äh -, gesehen eigentlich nicht, aber gehört." Der Löwe fragte väterlich:

„Was hast du denn gehört?" „Einen fürchterlichen Plumps." „Wo denn?" „Unter dem Dattelbaum, als ich mein

32

Mittagsschläfchen halten wollte." Da sprach der Löwe zu dem kleinen Hasen: „Woher weißt du denn, dass der Plumps unter dem Dattelbaum ein Weltuntergang war?"

Da sagte der kleine Hase: „Ja, davor hat schon immer meine Mutter gewarnt und ich habe mir das so vorgestellt, als dieser Riesenkrach war." Der Löwe sprach zu den anderen Tieren: „Wartet hier, ich werde nachsehen."

Der Löwe war bald mit dem kleinen Hasen bei der Dattelpalme angekommen, als gerade wieder aus der Palme eine Dattel zur Erde fiel. Da sprach der Löwe zu dem ängstlichen Hasen: „Siehst du, es war nur eine Dattel und kein Weltuntergang." Er sagte es ohne Spott, denn er, der Starke, weiß, dass viele Tiere – viele Ängste in sich tragen.
Also berichtete der Löwe den anderen, was sie gesehen und erlebt haben.

Da atmeten alle Tiere erleichtert auf, dankten dem Löwen und beschlossen, künftig erst einmal selbst nachzudenken und die eigenen Ängste, das eigene Misstrauen und die eigenen Verdächtigungen von anderen zu überprüfen.

Tja... so kann's gehen mit den eigenen Ängsten!

Vom Baum der Erkenntnis

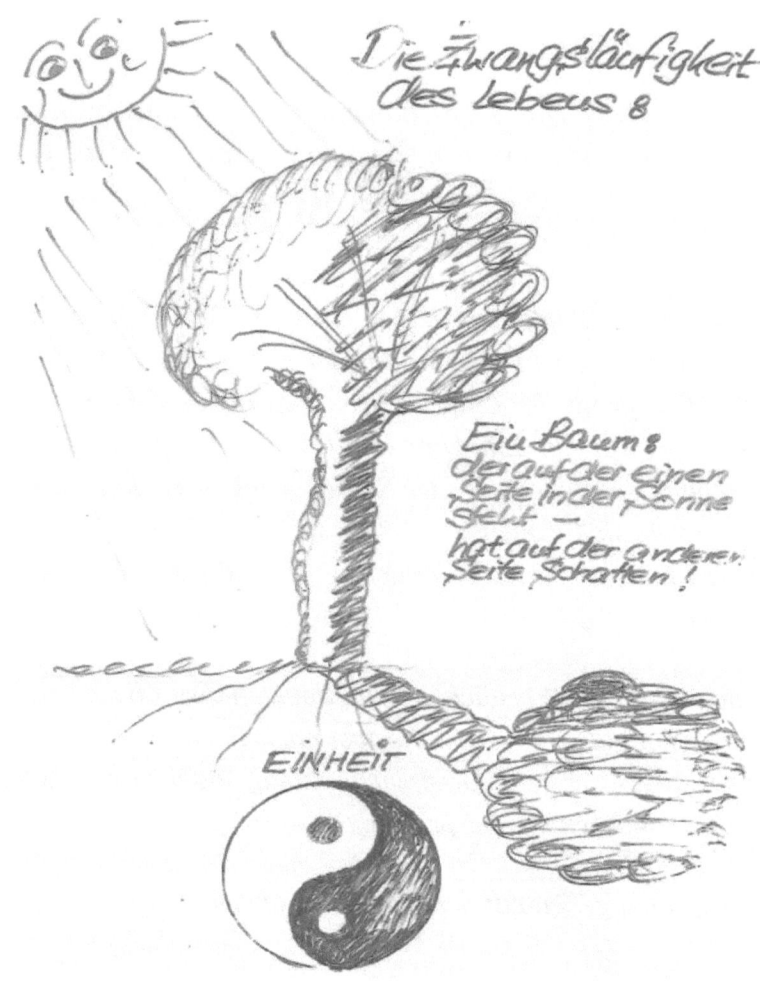

Die Zwangsläufigkeit des Lebens:

Ein Baum, der auf der einen Seite in der Sonne steht – hat auf der anderen Seite Schatten!

EINHEIT

Stellen Sie sich einmal bitte diesen Baum auf einer Lichtung vor. Was Sie in der Regel immer als Erstes sehen, ist seine Sonnenseite, dann vielleicht seine Schattenseite.

Eventuell betrachten Sie auch seinen Stamm. Was wir aber nicht sehen können, sind seine Wurzeln, nicht wahr?

Nun sagt uns aber die Logik: **„Ein Baum kann nur so gut, groß, stabil usw. sein, wie seine Wurzeln sind."**

Das Gleiche gilt für uns Menschen. Auch wir sind (symbolisch gesehen) Bäume mit Sonnen- und Schattenseiten.

Was wir aber nicht kennen, weil wir nichts davon wissen, das sind unsere menschlichen Wurzeln. Aber unsere Wurzeln bestimmen unser Sein, ob wir freundliche, optimistische, lebenszugewandte Menschen sind oder ängstlich, misstrauisch, misslaunig, depressiv oder aggressiv sind usw.

Unsere Wurzeln bestimmen unser Leben

Unsere Wurzeln entsprechen unserem Unterbewusstsein. Darin ist alles gespeichert, was unser Leben bestimmt:

Unsere Zeugung, die 9 Monate im Mutterleib, unsere Geburt, die wichtigen ersten 3-5 Lebensjahre und die prägenden Folgejahre, unsere Erziehung, Prägungen und Erfahrungen. Das Problem ist, dass unsere Lebens- und Prägezeit (bis ca. zum 6. Lebensjahr) für uns völlig im Dunkeln liegt und wir so von unseren unsichtbaren Programmen keine Ahnung haben.

Das heißt also:

Wenn wir Probleme, Ärger, Ängste, Sorgen usw. mit unseren Partnern / innen haben, dann sollten wir immer zuerst nach UNSEREN Wurzeln forschen und uns fragen: „Was ist eigentlich MIT MIR los?"

In den Praxisbeispielen in diesem Buch werden Sie erleben, dass Menschen in meine Praxis kommen, weil sie in Lebensprobleme geraten sind.

Sie sind deshalb in Lebensprobleme geraten, weil sie sich selbst, d. h. ihre Wurzeln nicht kennen.

Sie kennen ihre Wurzeln nicht, weil sie diese noch nie gesucht, sich dafür interessiert und/oder hinterfragt haben.

Und unsere Wurzeln sind durchzogen von verschiedensten Ängsten.

Aber diese, die in unserem Unterbewusstsein versteckten Ängste, bestimmen auch unser Handeln, Denken und unsere Gefühlswelt.

Ängste aus unserem Unterbewusstsein sind oft die wahren Ursachen für unsere Lebens- und Partnerprobleme...

wie Sie hier lesen werden.

Nur, bevor wir zu unseren versteckten Ängsten und dann zur Eifersucht kommen, sollten wir versuchen, die Hintergründe zu erfragen:

Ängste steuern auch unsere Gefühle

Denken Sie bitte einmal an die Entwicklung eines Kindes, von der Zeugung, den wichtigen 9 Monaten im Mutterleib, die oft problematische Geburt und die seelisch-, geistige- und körperliche Entwicklung des Kindes durch Erziehung, Prägung und Erfahrungen. Was so aufgrund der ungeheuren Vielfalt an Möglichkeiten entstand, ist das Lebensfundament (das unsichtbare Wurzelwerk) dieses zukünftigen Erwachsenen.

Und nun kommt das WICHTIGSTE, die ESSENZ, der SCHLÜSSEL für die Entstehung unserer Charakterstrukturen...

Es geht um Ängste!

Ich rede von den kleineren und größeren Negativerfahrungen, die wir als Embryos, Babys und kleine Kinder in unserer Entwicklung mit der Erwachsenenwelt machen mussten, die sich in Form von Vorsicht, Verunsicherungen, Misstrauen… tief in unserem Unterbewusstsein fest verankert haben und die auch heute noch in uns gespeichert sind.

Wir MÜSSEN alles miterleben, was unsere Mutter erlebt, auch unsere eigene Geburt… nur, wir wissen nichts davon was unser Gehirn speichert, weil dieses bewusste Speichern meist erst mit dem 4.- 5. Lebensjahr beginnt. Wir müssen alle Entwicklungen, Prägungen, Erziehung und Erfahrungen über uns ergehen lassen, denn wir sind noch sehr hilflos, sehr klein und von den erwachsenen „Riesen" völlig abhängig, wie diese mit uns umgehen, was sie uns angedeihen lassen oder sie uns antun!

Wenn Sie sich nur einmal in die Lage dieses völlig von der Erwachsenenwelt abhängigen Kleinkindes versetzen, dann wird Ihnen sofort klar, dass dieses kleine Würmchen ganz häufig in seinem Seelenfundament emotional hin- und hergerissen wird. Denn die Erwachsenenwelt hat alle Macht… und das kleine Kind muss!

Wenn der Brunnen leer bleibt, bestimmen Ängste die Seele

Symbolisch gesehen bringen jeder von uns einen unsichtbaren Brunnen mit auf diese Welt. Dieser wartet auf Füllung durch Wasser, nämlich auf Wasser für unser Leben:

Dieses Wasser des Lebens besteht aus Liebe, Nähe, Wärme, Zuneigung, Zärtlichkeit, Anerkennung usw.

Solange dieser Brunnen noch leer ist, bestimmen unbestimmte Ängste das Leben des Embryos, Säuglings und Kleinkindes. Alles ist noch so ungewiss, so bedrohlich, so angstauslösend, denn wir sind (noch) völlig hilflos und abhängig vom Wohlwollen von Mutter/Vater/Pflegeperson usw.

Wenn wir also zu wenig Liebe, Nähe, Wärme, Zuneigung, Zärtlichkeit... bekommen (positive Brunnenfüllung), dann bleiben stattdessen UR - Ängste stehen.

Diese werden dann als bedrohliche Erfahrungen und Prägungen tief in unserem Unterbewusstsein, d.h. in unseren Wurzeln verankert und sie werden uns von dort aus steuern. Spätere Verhaltensmuster des Kindes oder Erwachsenen wie:

Schüchternheit, Unsicherheit, Vorsicht, Ängstlichkeit, Misstrauen, Minderwertigkeitsgefühle, Eifersucht usw. weisen dann auf diese unsichtbaren Angststeuerungen hin.

Zeitweise werden diese sogar noch durch weitere ungünstige Lebensumstände bzw. angstauslösende Erfahrungen in Elternhaus, Schule... verstärkt.

Dann steuern uns Ängste sogar dominant in unserem Fühlen, Denken, Handeln, meist auch in unserer Sprache.

Unser Unterbewusstsein vergisst nichts...

Nur, es gibt Fälle, da ist es wirklich nicht erklärbar, warum dieser Mensch heute solche Ängste in sich trägt und wo diese herkommen mögen, denn in seinem gesamten Lebensablauf sind kaum angstauslösende Probleme zu finden.

In solchen Fällen sollte, ja muss man an die Evolution denken, dass wir Menschen auch durch unsere Gene Angst-Erfahrungen in uns tragen, die aus der Vergangenheit unserer Vorfahren kommen können.

Esoterisch denkende Menschen behaupten ja sowieso, dass in unserer Seele viele Dinge aus unseren Vorleben gespeichert sind, welche in diesem aktuellen Leben „erledigt" werden müssen. Aber von esoterischem Denken soll in diesem Buch nicht die Rede sein. Obwohl ich nicht leugnen möchte, dass ich schon genau diese Dinge in den Hypnosetherapien bei meinen Patienten erlebt habe.

Wie dem auch sei:

Heute, als Erwachsener, weiß „mein Kopf" nichts von seinen Wurzeln, nichts aus der dunklen Zeit meiner frühen Kindheit (0 – 6 Jahre), geschweige denn aus meiner genetischen Vergangenheit. Aber alles, was ich einmal erlebt habe, ist in meinem Unterbewusstsein gespeichert und aktiv! Und... all diese Erlebnisse, Verunsicherungen und Ängste steuern heute unsichtbar meine Gefühle, mein Denken, meinen Charakter, mein Tun und Handeln, also mein ganzes Leben.

Angstsprache und Angstverhalten

Wir verraten unsere unsichtbaren Ängste ganz oft durch unser Verhalten: Wenn z. B. ein Kind seine Mutter fragt: „Mama, gehen wir heute Nachmittag zum Baden?"

Und die Mutter antwortet: „Schauen wir mal" oder „Mal sehen" oder „Vielleicht, wenn ...", oder „Warten wir erst mal ab, ob ...", dann haben wir hier eine Angst-Mutter vor uns, was sie durch die Wahl ihrer (vorsichtigen, zögernden, absichernden) Sprache verrät.

Sie hat nämlich unbewusst Angst Entscheidungen zu treffen, hat Angst sich festzulegen (ohne dass ihr das bewusst ist).

Es könnte ja sein, wenn sie sich jetzt festlegt, dass bis zum Nachmittag irgendetwas Unerwartetes passiert.

Das müsste dann wieder korrigiert werden, sie müsste u. U. Erklärungen abgeben. Vielleicht hat sie auch keine Lust..., also ist es immer besser, sich erst einmal den Rücken freizuhalten.

Gerade narzisstische Menschen haben starke Angststrukturen. Sie zeigen in ihrer Sprache Vorsicht.

„Besser nicht festlegen, keine Stellung beziehen, erst mal abwarten." Auch hier steht im Hintergrund die Angst Fehler zu machen und dafür dann zur Rechenschaft gezogen zu werden.

Angst hat also seine eigene Sprache und seine dazugehörigen (oft undurchsichtigen) Verhaltensmuster.

Unser Verstand erklärt unsere Ängste:

Ängste aus unserer frühen Kindheit sind also die wahren, tief in uns verankerten Steuermechanismen, die hinter unseren Empfindungen, Denken, Sprechen und Handeln stehen.

Sie steuern uns unsichtbar in fast jeder Situation (mit!). Das Problem ist: Solange wir Erwachsenen diese unbewussten Angststeuerungen in uns nicht erkennen und bearbeiten, sind wir ihnen wie Marionetten hilflos ausgeliefert.

Und es gibt ein weiteres Phänomen:

Unser Verstand ist darauf trainiert, alle unsere Gefühle, Gedanken und Handlungen absolut logisch zu erklären.

Da ihm aber unsere Angststeuerungen nicht bewusst sind, übersetzt ER nun (wie eine Fremdsprache), alles was wir fühlen, denken, meinen, tun oder was uns passiert in die Sprache SEINER Ratio, Logik, Verstand... und ER kann das exzellent.

So wie die Frau, die immer ihren Ehemann verdächtigt, anderen Frauen immer auf den Busen zu starren, anstatt einmal ihre eigenen Minderwertigkeitskomplexe und Ängste anzuschauen.

Aber:

Ängste sind immer stärker als unser Verstand... und sie haben die größere Macht. Deshalb sagt ja der Spruch:

Nichts ist uns

unbekannter, unberechenbarer und mächtiger

als unsere Gefühle

„Ich bin 1x fremd gegangen"

Praxisbeispiel:

Herr B. erzählt mir: *„Ich bin vor 20 Jahren, da waren wir noch nicht einmal verheiratet, mit einer Freundin ins Bett gegangen, aber seitdem nie wieder. Ich liebe meine Frau und ich habe eingesehen, dass ich meine Ehe nicht in Gefahr bringen darf.*

Aber: auch heute belauert, bewacht und überwacht mich meine Frau immer noch. Sie schreit mich bei jeder Kleinigkeit geradezu hysterisch an, ich sei ein Lügner, Ehebrecher, Fremdgeher und Betrüger, dem man nicht glauben und vertrauen kann und darf usw.
Sie hält mir immer wieder vor, was damals passiert ist und hackt dann tagelang mit bitterböser Miene auf mir herum.

Ich sage ihr immer wieder, das ist doch schon lange vorbei. Ich werde es nicht mehr tun. Ich habe damals daraus gelernt. Aber für sie bin ich heute noch ein Sünder, ein Schuldiger und Fremdgänger, dem man nicht vertrauen kann und darf.
Ich bin schon ganz verzweifelt und weiß überhaupt nicht mehr, was ich noch machen soll.
So langsam habe ich es wirklich satt, von ihr immer wieder gemartert zu werden.
Was kann ich tun?"

„Also:
Ich gehe einmal davon aus, dass sich Ihre Frau damals vor 20 Jahren sehr verletzt gefühlt hat... und sie hat Angst bekommen, dass nun die Partnerschaft mit Ihnen zusammenbrechen wird.

Was mich aber sehr nachdenklich macht ist, dass Ihre Frau diese Ängste bis heute nicht überwunden hat und Sie immer wieder mit diesen „alten Wunden" daherkommt und Sie dafür auch heute noch eifersüchtig als „Schuldigen und Fremdgänger" anklagt und maßregelt, dem man nicht vertrauen kann.

Für mich ist das ein Zeichen dafür, dass Ihre Frau heute noch in den alten Ängsten zwanghaft gefangen ist, die sie geradezu misstrauisch, hysterisch und eifersüchtig auf ihre damalige Partnerin machen und steuern.
Ich frage mich: „Wie können Sie eigentlich seit 20 Jahren damit leben?"

Natürlich sind solche Hypotheken der Vergangenheit, wenn diese mit Verlust - Ängsten gepaart sind teuflisch, denn Sie lassen eines nicht zu: Entwicklung.

Aber: Was Ihre Frau anscheinend nicht sieht oder nicht einsieht ist, dass die Zeit von damals nicht stehen geblieben ist. Das auch Sie dazu gelernt haben, dass Sie sich verändert haben und… dass die Zeit weitergegangen ist.
Aber das scheint bei ihr nicht zu gehen, denn die Ängste von damals sitzen anscheinend sehr fest und tief, deshalb sind die Ängste von gestern immer noch die Ängste von heute.
Es ist immer ein Problem bei Paaren, wenn einer der Partner in seiner (Angst)- Vergangenheit verhaftet bleibt, die dann Entwicklung nicht zulässt und für das, was früher einmal passiert ist, seinen Partner immer wieder und immer wieder eifersüchtig mit den gleichen alten Kamellen anklagt.

Das ist auch eine Art Masochismus (Selbstquälerei Ihrer Frau) und Sadismus (indem Ihre Frau Sie quält) gleichermaßen."

Ich denke mir:
Das sollten Sie nicht einen Tag länger zulassen.
Denn das ist doch weder Liebe noch eine gute Ehe.
Sie leben ja mit Ihrer Frau ständig auf einem
Pulverfass.

„Was Sie tun sollten, ist Ihrer Frau ganz handfest klar machen, dass die Zeit seit 20 Jahre weitergegangen ist, das Sie sich weiterentwickelt haben. Dass endlich Schluss sein muss mit den Dingen aus der Vergangenheit, die sie sich geradezu zwanghaft eifersüchtig immer wieder hochholt. Denn schlussendlich verletzt sich Ihre Frau damit ja auch immer wieder selbst (Masochismus).

Zum Verständnis:
Wenn Sie einmal in die Kindheit Ihrer Frau schauen, sofern Sie es wissen, so werden Sie sehen, ich möchte das fast mit Sicherheit sagen, das Ihre Frau in ihrer Kindheit irgendwo in diesem Bereich verletzt worden ist und tiefe Ängste aufgebaut hat, die wahrscheinlich durch Ihr damaliges „Fremdgehen" aktiviert worden sind.
In der Regel sind das Vertrauens- oder Verlust-Ängste, die Sie ständig eifersüchtig belauern, dass das ja nicht wieder passiert.

Und die gären heute noch in Ihrer Frau und werden beim kleinsten Anlass zur Sturmflut. Was ich Ihnen dringend rate:
versuchen Sie bitte Ihrer Frau klarzumachen, dass die Zeit weitergegangen ist. Aber auf der anderen Seite, dass Sie nicht mehr bereit sind, ständig ihre Eifersucht und Vorwürfe zu ertragen und darauf zu reagieren. Sagen Sie ihr einfach:

„Irgendwann muss Schluss sein!"
Und denken Sie bitte auch einmal über den Spruch nach:

Besser ein Ende mit Schrecken,
als ein Schrecken ohne Ende

Ich denke mir, dieser hysterische Angst - Eifersucht – Spuk,
den Ihre Frau hier immer wieder veranstaltet, der geht schon
viel zu lange, als dass es eine Seele ertragen kann.
Und sagen Sie genau das Ihrer Frau, knallhart und deutlich.
„Wenn das nicht aufhört, werden wir uns trennen."

Denn:

Angst und Eifersucht lässt sich kaum mit Logik bekämpfen,
sondern nur mit einer noch stärkeren Angst!!!

Ja, das erzeugt eine neue Angst und Ihre Frau darf sich jetzt überlegen, ob ihr diese Ehe noch etwas wert ist.

Natürlich: Was all diese Menschen - wie Ihre Frau dringend brauchen würde, ist therapeutische Hilfe, um aus diesen Zwängen,
diesem Angst - Eifersucht - Strudel ihrer Vergangenheit heraus-
zukommen.

Aber auch Sie bräuchten diese Hilfe der Frage nachgehend, welche Ängste dieser Angst - Spuk Ihrer Frau in Ihnen selbst aktiviert
hat und…warum Sie das alles so lange ertragen und sich so haben behandeln lassen."

„Er macht mir mit seiner Eifersucht das Leben zur Hölle"

Praxisbeispiel:

Frau M. erzählt mit ganz verzweifelt:
„Als unsere Kinder so langsam groß wurden und oft immer weniger im Haus waren, beschloss ich eine Ausbildung auf dem 2. Bildungsweg zur geprüften Sekretärin zu machen, welche ich nach 3 Jahren auch sehr gut bestand und auch sofort eine Arbeitsstelle in einem Autohaus fand, was mir sehr zusagte.
Da ich vorher ja immer zu Haus war, musste nun einiges liegen bleiben und mein Mann bekam auch nicht immer alles so perfekt vorgesetzt, wie er das 20 Jahre lang gewohnt war...

Er wollte, dass ich wieder zu Haus blieb, hier alles – wie immer - perfekt machte, er pünktlich sein Essen vorgesetzt bekam...
und so wäre für ihn seine Welt wieder in Ordnung.
Aber das wollte ich nicht, denn meine neue Arbeit macht mir Freude und deshalb kam es nun öfter zu Streitereien.
Ja, irgendwann meinte er sogar, da müsse doch etwas nicht stimmen, da sei doch ganz bestimmt ein anderer Mann im Spiel und ich sei dabei unsere Ehe zu zerstören.
Ab diesem Moment stimmte unsere gesamte Beziehung nicht mehr. Er bespitzelte mich, lauerte mir auf, fragte, warum ich öfter zu spät komme, Betriebsfeste und abendliche kleine Feiern und Treffen waren für ihn schon Fremdgehen.

Ja ich habe ihn sogar schon dabei erwischt, wie er mir hinter den Mauern und Ecken oder in Nebenstraßen beim Autohaus auflauert, mich beim Einkaufen bespitzelt und kontrolliert und mir immer wieder unterstellt, ja da wäre doch etwas.
So langsam halte ich das nicht mehr aus.

... und je mehr er auf meinen Gefühlen herumtrampelt, mich stän-
dig kontrolliert, bespitzelt und mir sagt, dass er mir nicht mehr
traut, desto eher bemerke ich das es in unserem Autohaus Kolle-
gen gibt, die nett sind und mich höflich und zuvorkommend als
Frau behandeln, die mir Komplimente machen und gern mit mir
reden und scherzen...
Ich weiß bald nicht mehr, was ich tun soll. "

Tja, so denke ich mir, so ein dummer Kerl, hat so eine tolle Frau
und treibt diese mit seiner Angst = Eifersucht geradezu von sich
weg in die Arme eines anderen... und er bemerkt anscheinend
gar nicht, was er da tut. Klar, typisch... Eifersucht.

Und was wird dieser Mann dann sagen? Er hat ja für die Familie
und für den Wohlstand und die schönen Kleider seiner Frau ge-
schuftet, aber seiner Frau, der sei das alles zu langweilig geworden, deswegen muss sie sich ja einen anderen fürs Bett besor-
gen... so meine Gedanken.

Also sprach ich mit Frau M.
Ich fragte sie, ob sie mit ihrem Mann schon einmal offen und
ernsthaft darüber geredet habe. Das sei unmöglich, sagte sie ,
der sieht mich zurzeit nur mit anderen Männern im Bett liegen,
denn darum schminke ich mich ja morgens und kaufe mir neue
Kleider?

„Wissen Sie", so meinte Frau M., „die Freude in der Früh, wieder
in die Arbeit zu gehen, das weg sein von Zuhause, die Gespräche
mit den Kollegen, die Komplimente, das tut meiner Seele einfach
gut...
und ich fühle mich endlich einmal wieder als Frau und bin nicht
immer nur die Putze mit der Kittelschürze, die für alle sorgt und
die sich um all und jeden kümmert...

Nur mein Mann sieht das nicht und er sieht das nicht ein... und er hat jetzt sogar von Trennung gesprochen."

„Wäre das eine Lösung für Sie", fragte ich Frau M.

„Vielleicht wäre es sogar eine Er-lösung, denn wenn das so weitergeht, die Kinder sind jetzt groß, dann kann ich auch allein in einer kleinen Zweizimmerwohnung leben, habe dann kaum mehr Verpflichtungen und ich muss mich nicht mehr belauern und als Nutte beschimpfen lassen..."

Was Frau M. dann auch tat.

Tja, Eifersucht ist ein Dämon, von dem man sich nicht beherrschen lassen sollte.

Teil 4

Gefühle?

In Wahrheit entscheiden unsere Ängste

Teil 4 - Gefühle? In Wahrheit entscheiden unsere Ängste

Das Märchen von der größten Kraft des Universums

Ein altes Märchen erzählt uns von einem Streit der alten Götter, die darüber entscheiden wollten, wo sie ihr Erbe an uns Menschen, nämlich die größte Kraft des Universums, die göttlichen Wahrheiten und Weisheiten sowie die universellen Heilkräfte verstecken sollten, damit sie der Mensch nicht eher finden könnte, bevor er reif dazu sei, diese zu verstehen und alles verantwortungsvoll zu gebrauchen.

Ein Gott schlug vor, sie auf der Spitze des höchsten Berges zu verstecken. Aber die Götter erkannten sehr schnell, dass der Mensch mit seinem Tatendrang den höchsten Berg bald ersteigen und dort das Erbe der Götter, die größte Kraft des Universums, die göttlichen Wahrheiten und Weisheiten sowie die universellen Heilkräfte finden würde, lange bevor er reif dazu sei, diese zu verstehen und sie richtig zu gebrauchen.

Ein anderer Gott meinte: „Gut, dann lasst uns unser Erbe an die Menschen doch auf dem Erdboden des Meeres verstecken."

Aber wieder erkannten die Götter, dass der Mensch früher oder später auch diese Regionen erforschen und hier die größte Kraft des Universums, die göttlichen Wahrheiten und Weisheiten sowie die universellen Heilkräfte finden würde, lange bevor er reif dazu sei, diese zu verstehen und sie richtig zu gebrauchen.

Schließlich sagte der weiseste aller Götter: „Ich weiß, was zu tun ist. Lasst uns unser Erbe doch tief in der Seele des Menschen selbst verstecken. Er wird lange nicht danach suchen, weil er viel zu sehr mit sich selbst, viel zu sehr mit den materiellen Dingen seines Lebens wie Geld, Auto, Haus, Urlaub und es sich gut gehen lassen und auf der anderen Seite mit Eifersucht, Missgunst, Neid, Intrigen, Krieg führen, seinen Krankheiten und allen möglichen Problemen beschäftigt ist.

Darum wird er unser göttliches Erbe an ihn, die größte Kraft des Universums, die göttlichen Wahrheiten und Weisheiten, die universelle Heilkraft und tiefe Ruhe und Frieden in sich selbst erst dann finden, wenn er wirklich reif genug ist, den Weg nach innen zu gehen."

Aber, bis der Mensch diesen Weg gefunden hat, wird er sich mit den großen Emotionen wie Liebe, Leid, Ängste auseinandersetzen müssen: Erst wenn er diese verstanden und überwunden hat, dann wird er unser göttliches Erbe an ihn finden, nämlich die größte Kraft des Universums, die göttlichen Wahrheiten und Weisheiten sowie die universellen Heilkräfte.

So versteckten also die Götter ihr Erbe tief in der Seele von uns Menschen selbst. Und da liegt es noch immer...

Und es wartete darauf, dass wir Menschen aufhören immer auf andere zu zeigen, die äußere Welt loslassen und den Weg zu uns selbst - nach innen gehen.

... nur leider, so wie es die alten Götter vermutet hatten, genauso ist es eingetreten:

Die Menschen sind viel zu sehr mit sich selbst, viel zu sehr mit den materiellen Dingen ihres Lebens beschäftigt, wie Geld, Auto, Haus, Urlaub und es sich gut gehen lassen und auf der anderen Seite mit Missgunst, Neid, Intrigen, Krieg führen, ihren Krankheiten und allen möglichen Problemen pflegen...

Mit allem also, was ihnen in ihrer Seele ANGST macht, anstatt nach diesem Schatz, diesem Geschenk der alten Götter zu suchen, nämlich die größte Kraft des Universums, die göttlichen Wahrheiten und Weisheiten, die universelle Heilkraft und Ruhe und Frieden... und Vertrauen zu sich selbst.

Und wenn der Mensch endlich Ruhe und Frieden in seinem Herzen gefunden hat, ab diesem Moment gibt es auch keine Eifersucht mehr!!!

Liebe, Leid, Angst: Die Wurzeln der Eifersucht

Wer sich mit Eifersucht beschäftigt, kommt an diesen DREI tiefgreifenden Emotionen nicht vorbei, denn diese sind die eigentlichen Wurzeln des Dramas Eifersucht:

"Man ist nicht Herr in seinem eigenen Haus"...
So sagten schon die alten Philosophen und Weisen... und sie fragen: Welche Emotion ist stärker, tiefgreifender, oft auch zerstörerischer:

Liebe, Leid oder Ängste?

Das Gefühl, „nicht Herr im eigenen Haus" zu sein, beschreibt einen tiefen Kontrollverlust – **eine der Kernängste der Eifersucht.** Wenn wir Liebe, Leid und Ängste vergleichen, stellt sich die Frage:

Welche Emotion dringt tiefer, hinterlässt stärkere Spuren und hat das größte zerstörerische Potenzial?

Liebe – Die schöpferische Kraft

- Liebe ist eine starke, verbindende Emotion, die Menschen zusammenführt.

- Liebe gibt Sicherheit.
- Liebe stärkt das Selbstwertgefühl und schafft Vertrauen.
- Doch Liebe allein schützt nicht vor Eifersucht.
- Tatsächlich kann gerade tiefe Liebe Eifersucht erst ermöglichen – denn wo viel auf dem Spiel steht, wächst die Angst vor Verlust.

Leid – Das Echo ungelebter Sicherheit

- Leid entsteht aus unerfüllten Erwartungen, gebrochenem Vertrauen oder inneren Wunden.
- Wer Eifersucht empfindet, leidet oft still oder lautstark.
- Leid ist ein Gefühl, das uns lähmen, uns an Vergangenes fesselt und manchmal sogar in Hass umschlagen kann.

Angst – Die Kraft, die alles zerstören kann

- **Angst ist die Ursache vieler zerstörerischer Emotionen.**
- **Angst steckt hinter jeder Eifersucht, hinter dem Leid, sogar hinter manchen Aspekten der Liebe.**
- **Angst ist sehr mächtig, tief verwurzelt und oft irrational.**
- **Angst kann uns zwingen zu kämpfen, zu kontrollieren oder uns zurückzuziehen.**
- **Angst vor Verlust, Angst vor Unzulänglichkeit, Angst vor Einsamkeit –**

sie alle sind die Wurzeln für eifersüchtiges Verhalten!

Während Liebe eine konstruktive Kraft ist und Leid die Folge eines inneren oder äußeren Verlustes, **ist Angst das eigentliche Fundament der Eifersucht – und oft die Emotion, die alles zerstören kann**

Denn wer Angst verspürt, handelt nicht rational. Und wer nicht rational handelt, verliert sich leicht in einem

Teufelskreis aus Kontrolle, Misstrauen und destruktiven, zerstörerischen Verhaltensmustern.

Begegnung mit der Eifersucht

Die meisten Menschen sind irgendwie eifersüchtig…, das scheint eine unserer menschlichen Schwächen - oder Stärken zu sein. Viele Menschen sind ausgeprägt eifersüchtig, andere eher moderat, wieder andere kaum und sehr selbstbewusste Menschen meinen, sie hätten es nicht nötig, eifersüchtig zu sein. Eifersucht hat also etwas mit Selbstbewusstsein, Selbstwertgefühl und Selbstvertrauen zu tun.

In einem Bild: Eifersucht ist der schlafende oder feuerspeiende Drache in unserem Unterbewusstsein, der meinen Schatz, mein Leben, meine Jungfräulichkeit oder meine Ehre verteidigt.

Denn je größer meine Minderwertigkeitskomplexe sind und je geringer mein Selbstvertrauen, desto stärker ist meine Angst, dass andere besser sein könnten als ich, dass andere bevorzugt werden, dass mein Partner / in nicht ehrlich mit mir ist, dass man mich belügt, mir Dinge verheimlicht usw.

Die drei Formen der Eifersucht

Das was wir im Allgemeinen unter Eifersucht verstehen, das lässt sich schon bei kleinen Kindern, aber zunehmend bei Jugendlichen und Erwachsenen finden. Eifersucht geht durch alle Schichten und hat nichts mit dem Bildungsstand zu tun. Das Wort Eifersucht wird im allgemeinen Sprachgebrauch sehr „verallgemeinernd" benutzt.

Betrachtet man es jedoch genau, so verbergen sich dahinter drei verschiedene Szenarien.

Es handelt sich dabei jedes Mal um Selbstverteidigung, um Zurückweisung, um Abwehr ja extrem sogar um Krieg der eigenen Integrität und der eigenen Gefühle gegenüber einem wirklichen oder vermeintlichen „Feind" meiner Vorstellung.

Hier 1. geht es um eine **sehr wohl begründete Art von Abwehr, genannt Eifersucht.**

Wenn z.B. ein fremder Partner / in meine Ehe einbricht und ich nun die Angst haben muss, dass meine Ehe / meine Familie durch diese andere Person ge- oder zerstört werden kann, da entsteht dann begründete Angst und Wut. Das ist dann sozusagen Selbstverteidigung meines Territoriums / meiner Ehe und Abwehr mit allen Mitteln gegen den fremden Eindringling. Meine Abwehrreaktionen darauf werden nun gern als „Eifersucht" miss-gedeutet, dabei handelt es sich in diesem Fall um Selbstverteidigung meiner Integrität, meines Besitzes, meiner Kinder, meiner Ehe usw. Das Wort „Eifersucht" auf meine begründete Abwehrreaktion ist in diesem Fall hier wohl allgemein, aber sicher falsch gewählt.

In diesem Fall 2. könnten zwar die Umstände dafürsprechen, aber es gibt **meist zwei Wirklichkeiten,** z.B.: die Frau ist Katzenliebhaberin. Aber ihr neuer Freund mag keine Katzen und er möchte ihre Katzen weder im Haus, noch auf ihrem Schoß und schon gar nicht auf den Polstermöbeln oder im Bett haben. Für ihn sind die Katzen „Störenfriede" seiner Beziehung, denn diese nehmen ihm vermeintlich einen Teil der Liebe von der Frau weg.

Sie aber empfindet sein Verhalten als völlig unbegründete Eifersucht.

.Die 3. zerstörerische Eifersucht, der Krieg im Kopf

In diesem - häufigsten aller Fälle- bedeutet Eifersucht oft Krieg, Krieg meines feuerspeienden Drachens – den ich von der Kette gelassen habe - gegen andere, welche mir, meinen Besitz (mein Spielzeug, meinen Partner / in), mein Territorium usw. zu nahe kommen und eventuell wegnehmen könnten... So ist jedenfalls meine Vorstellung.

Hier überwiegen die Vorstellungen, die Einbildung, mein Kopfkino... und nicht die Wirklichkeit.

Mein Drache Eifersucht nämlich, wird gespeist von diversen offenen oder versteckten Ängsten (meist erfahren, erlebt, erworben oder aus anderen Leben mitgebracht), welche im Unterbewusstsein ständig und achtsam auf der Lauer liegen.

Diese Ängste entstehen z.B. aus Gefühlen von

- **Minderwertigkeiten,**
- **Ablehnung, Nichtachtung,**
- **Sich hintergangen**
- **oder sich nicht geliebt fühlen...**

was ein permanentes Misstrauen erzeugt, welches jede Geste, jedes Wort des Partners negativ und gegen sich deutet.

So ist das Unterbewusstsein einer eifersüchtigen Persönlichkeit voll von unguten Ahnungen, von negativen Wertstellungen, Vorstellungen und oft dramatischem Kopfkino und es hat immer das Gefühl, um sich beißen zu müssen. Deshalb zeigen sich diese (oft lauernden) Ängste und Gefühle des/der Eifersüchtigen dann gern in Form von Misstrauen, Missempfindungen, Missgunst, Neid, Boshaftigkeit, Falschheit, Gemeinheit, Hass, Groll und in einer seltsamen Form von Egoismus... und im Hintergrund lauert der feuerspeiende Drache.

Aus diesem „Gefühlskarussell" entwickeln sich schnell in dem Eifersüchtigen die Tendenz Krieg zu führen, oft sogar Krieg gegen Menschen, die mich lieben, die mir wohlgesinnt sind, die aber ohne Grund plötzlich in meinem Verdacht stehen...

Teil 5

„Deine Muschi gehört nur mir!"

Eifersucht in anderen Ländern

Teil 5 - *„Deine Muschi gehört nur mir!"*

Eifersucht in anderen Ländern

Untersuchungen zeigen, dass Männer und Frauen unterschiedlich auf Untreue reagieren. Man vermutet, dass diese Unterschiede im Wesen von Männern und Frauen liegen, auf dem Hintergrund der evolutionären Entwicklung. Seit Anbeginn der Evolution waren Männer die Hüter, Beschützer und Führer der Familie. Dazu gehörten selbstverständlich „der Besitz" ihrer Frau(en) und deren Körper und Sexualität.

„Dein Körper und Deine Muschi gehören nur mir"!

Vieles aus diesen UR-Zeiten der Evolution mag heute noch in den „spezifischen Genen" von Mann und Frau versteckt sein.

So zeigen Studien:

Männer empfinden SEXUELLE Untreue ihrer Frau / Partnerin als Verrat und sie reagieren mit starker Eifersucht.

Hier steht sicherlich die Befürchtung im Hintergrund die Frau an einen anderen zu verlieren, vielleicht auch die Angst, unwissentlich in den Nachwuchs eines anderen zu investieren.

Wer zum Beispiel die Oper Carmen kennen sollte, der weiß, dass der Verlobte von Carmen, Don Jose, diese am Ende des 3. Aktes vor der Arena aus Eifersucht ersticht, weil sich Carmen jetzt dem Stierkämpfer Es Camillo in brennender Liebe zugewandt hat. Frauen hingegen messen **„EMOTIONALER Untreue"** ihres Partners starke Bedeutung bei.

Deine Gefühle, Dein Herz, Deine Seele gehören mir!

Von Frauen wird emotionale Untreue meist als eine intime Verbindung zu einer anderen Person außerhalb der Partnerschaft verstanden, die über eine normale Freundschaft hinausgeht... was bei vielen Frauen starke Emotionen, d.h. Eifersucht auslösen kann. Emotionale Eifersucht kann auch durch andere Formen entstehen, zum Beispiel durch:

- **Tiefe emotionale Gespräche:**
- Wenn eine Frau persönliche Gedanken, Gefühle oder Probleme eher mit jemand anderem als mit ihrem Partner teilt.
- **Geheimhaltung:**
- Wenn eine Frau bestimmte Kontakte oder Gespräche vor dem Partner verheimlicht.
- **Romantische Gefühle für eine andere Person:** Auch ohne körperliche Affäre kann es als Untreue empfunden werden, wenn starke emotionale Bindungen entstehen.
- **Häufiger Kontakt mit einer bestimmten Person:** Ständiger Austausch über Nachrichten, Social Media oder Telefonate kann als Zeichen emotionaler Untreue gewertet werden.
- **Vergleich mit dem eigenen Partner:**
- Wenn der andere idealisiert und der eigene Partner abgewertet wird, kann das auf emotionale Distanz hinweisen.

spiegel.de: Viele Frauen empfinden emotionale Untreue schlimmer als körperliche, weil manche Frauen das als ein Zeichen dafür werten, dass die emotionale Bindung in der eigentlichen Beziehung bröckelt. Eine Studie der Chapman University mit rund 64.000 US-Amerikanern bestätigte diese Unterschiede.

Heterosexuelle Männer reagierten stärker auf sexuelle Untreue, während heterosexuelle Frauen mehr unter emotionaler Untreue litten. Interessanterweise waren diese Unterschiede bei homo- und bisexuellen Personen weniger ausgeprägt.

stern.de: In Bezug auf länderspezifische Unterschiede ergab eine Umfrage, dass Türken und Spanier am eifersüchtigsten sind, während Kanadier und Niederländer weniger Eifersucht zeigen.
taz.de: Zusammenfassend lässt sich sagen, dass Eifersucht weltweit ein verbreitetes Phänomen ist, wobei die Auslöser und Intensität je nach Geschlecht und kulturellem Hintergrund variieren. Um das Thema abzurunden sollte noch der Frage nachgegangen werden, ob es ein **Nord-Süd-Gefälle in der Eifersucht** gibt, was ja weit verbreitete Meinung ist. Südländer – insbesondere Menschen aus Mittelmeerregionen wie Italien, Spanien oder Griechenland – gelten oft als temperamentvoller, emotionaler und damit auch eifersüchtiger als die eher kühlen, rationalen Nordländer (z.B. Skandinavier oder Deutsche).

Stärkere Betonung von Familie und Ehre: In südeuropäischen Ländern spielt Familienehre eine größere Rolle, was dazu führen kann, dass Eifersucht als eine legitime Reaktion betrachtet wird.

Macho - Kultur & traditionelle Geschlechterrollen: In Ländern wie Italien oder Spanien gab es lange ein ausgeprägtes Rollenbild: Der Mann als Beschützer, die Frau als Treuegarantin. Das fördert eifersüchtiges Verhalten.

Offenere emotionale Ausdrucksweise: Südländer neigen dazu, Emotionen direkter und ausgeprägter zu zeigen – das betrifft sowohl Liebe als auch Eifersucht.

Wird Eifersuchtsgewalt in Südländern milder bestraft? Historisch betrachtet gab es tatsächlich **eine größere Toleranz gegenüber "Verbrechen aus Leidenschaft"** in Südeuropa.

In Italien galt bis in die 1980er Jahre der „**Delitto d'onore**" (Ehrenmord) als strafmildernder Umstand, wenn ein Mann seine untreue Frau tötete.

In Spanien gab es bis in die Franco-Zeit ähnliche Gesetze.

In Lateinamerika sind „**Crímenes pasionales**" auch heute noch oft mit milderen Strafen verbunden.

Heutzutage gibt es keine offiziellen gesetzlichen Unterschiede mehr zwischen Nord und Süd. Aber in der Praxis kann die Gerichtsbarkeit durchaus noch kulturell beeinflusst sein insbesondere bei der Bewertung von Affekt- und sogenannten Ehrenmotiven.

Eifersucht in Märchen

Nirgendwo wird dieses seltsame Gefühlschaos einer von Eifersucht, Missgunst und Neid zerfressenen Person besser und stimmiger dargestellt als in vielen unserer Volksmärchen.

Hier können wir miterleben, wie sich z.B. in einer eifersüchtigen Seele **wühlende Ängste, in Eifersucht, Misstrauen, Missgunst, Missempfindungen und Neid, in Boshaftigkeit, Wut, Zorn, Lügen, Betrügen, Durchtriebenheit und Rache** verwandeln

(übrigens: alles Charaktereigenschaften, welche man im Mittelalter noch dem Reich des Satans zugeordnet hat. Aber davon später mehr.)

Siehe das Thema Inquisition am Ende des Buches.

Also nirgendwo wird dieses zeitweilige eifersüchtige Gefühlschaos und das daraus entstehende Seelenleid des / der anderen, besser dargestellt, als z.B. in den Märchen von Frau Holle, Tischlein deck Dich und Aschenputtel, **aber am stimmigsten in dem Märchen von Schneewittchen... in dem die Stiefmutter aufgrund von Neid, Missgunst und Eifersucht einen verbissenen, durchtriebenen und hinterlistigen Dauerkrieg gegen ein Kind führt.**

Hier gilt insbesondere die Betrachtung dem Verhalten der (oralnarzisstisch - angsthysterischen) Borderline - Stiefmutter.

Schneewittchen

Es war einmal im Winter und die Schneeflocken fielen wie
Federn vom Himmel herab. Da saß eine Königin am Fenster und
nähte. Und da sie sich stach, fielen drei Tropfen Blut in den
Schnee. Und weil das Rote im weißen Schnee so schön aussah,
dachte sie bei sich: Hätt' ich ein Kind, so weiß wie Schnee, so rot
wie Blut und so schwarz wie das Holz an dem Rahmen!
Bald darauf bekam sie ein Töchterlein und es ward darum
Schneewittchen genannt. Und wie das Kind geboren war, starb
die Königin.
Über ein Jahr nahm sich der König eine andere Gemahlin. Es
war eine schöne Frau, aber sie war stolz und hochmütig und
konnte nicht leiden, dass sie an Schönheit von jemand
übertroffen wurde. Sie hatte einen wunderbaren Spiegel. Wenn
sie vor den trat und sich darin beschaute, sprach sie: „Spieglein,
Spieglein an der Wand, wer ist die Schönste im ganzen Land?"
So antwortete der Spiegel: „Frau Königin, Ihr seid die Schönste
im Land." Da war sie zufrieden, denn sie wusste, dass der
Spiegel immer die Wahrheit sagte.
Schneewittchen aber wuchs heran und wurde immer schöner, und
als es vierzehn Jahre alt war, war es schöner als die Königin
selbst. Als diese einmal ihren Spiegel fragte, so antwortete er:

**„Frau Königin, Ihr seid die Schönste hier, aber
Schneewittchen ist tausendmal schöner als Ihr."
Da erschrak die hochmütige und arrogante Königin und sie
ward gelb und grün vor Eifersucht, Missgunst und Neid.
Von Stund an, hasste sie das schöne Mädchen.
Und diese Eifersucht, Missgunst, Neid und Hochmut wuchsen
wie Unkraut in ihrem Herzen immer höher, und höher,
sodass sie Tag und Nacht keine Ruhe mehr hatte.**

Da rief sie einen Jäger und sprach: **„Bring das Kind hinaus in den Wald, ich will's nicht mehr vor meinen Augen sehen. Du sollst es töten und mir Lunge und Leber zum Wahrzeichen mitbringen."**

Der Jäger gehorchte und führte es hinaus. Da fing Schneewittchen an zu weinen und sprach: „Ach, lieber Jäger, lass mir mein Leben." Und weil es gar so schön war, hatte der Jäger Mitleid. Und als gerade ein junges Wildschwein daher gesprungen kam, stach er es ab, nahm Lunge und Leber heraus und brachte sie als Wahrzeichen der Königin.

Diese aß sie auf und meinte, sie hätte nun Schneewittchens Lunge und Leber gegessen.

Nun war das arme Kind in dem großen Wald mutterseelenallein, und ward ihm sehr Angst. Da fing es an zu laufen und lief und lief und lief, bis es bald Abend werden wollte.

Da sah es ein kleines Häuschen und ging hinein. In dem Häuschen war alles klein, aber so zierlich und reinlich. Als es ganz dunkel geworden war, kamen die Herren von dem Häuslein, das waren die sieben Zwerge. Einer erblickte Schneewittchen, das schlief. „Du mein Gott!" riefen sie, „Was ist das für ein schönes Kind!" Am Morgen erzählte es ihnen, **dass seine Stiefmutter es hätte wollen umbringen lassen,** *der Jäger hätte ihm aber das Leben geschenkt. Den ganzen Tag über war das Mädchen nun allein; da warnten es die Zwerglein und sprachen: „Hüte dich vor deiner Stiefmutter, die wird bald wissen, dass du hier bist; lass ja niemand herein!" Die Königin trat wieder vor ihren Spiegel und dieser antwortete: „Frau Königin, Ihr seid die Schönste hier, aber Schneewittchen über den Bergen bei den sieben Zwergen ist noch tausendmal schöner als Ihr."*

Und nun sann und sann sie aufs Neue, wie sie Schneewittchen endlich umbringen könnte; denn so lange SIE nicht die Schönste war im ganzen Land, ließ ihr ihre Eifersucht, Neid, Missgunst und ihr Hochmut keine Ruhe.

Sie färbte sich das Gesicht und kleidete sich wie eine alte Krämerin. So ging sie zu den Zwergen und verkaufte dem arglosen Schneewittchen einen Schnürriemen, den sie ihr sofort anlegte. Aber die Alte schnürte so fest, dass dem Schneewittchen der Atem verging und es für tot hinfiel.

Zur Abendzeit kamen die sieben Zwerge nach Haus; aber wie erschraken sie, als sie ihr liebes Schneewittchen auf der Erde liegen sahen.

Da zerschnitten sie die Schnüre und Schneewittchen ward nach und nach wieder lebendig. „Hüte dich und lass keinen Menschen herein, wenn wir nicht bei dir sind!"

Das böse Weib aber, fragte wieder den Spiegel und der antwortete wie sonst.

Als sie das hörte, da wühlten Eifersucht, Missgunst, Neid, Hochmut und nur noch Gift in ihrem Herzen, denn sie sah wohl, dass Schneewittchen wieder lebendig geworden war. „Nun aber", sprach sie, „will ich etwas aussinnen, das dich zugrunde richten soll", und mit Hexenkünsten, die sie verstand, machte sie einen giftigen Kamm.

Wieder verkleidete sie sich als Bäuerin, ging zu den sieben Zwergen, und rief: „Gute Ware feil."

Schneewittchen aber sprach: „Geht nur weiter, ich darf niemand hereinlassen!" Die Alte zog den giftigen Kamm heraus und sagte: „Nun will ich dich einmal ordentlich kämmen." Aber kaum hatte sie den Kamm in die Haare gesteckt, als das Gift darin wirkte und das Mädchen ohne Besinnung niederfiel.

„Du Ausbund von Schönheit," sprach das boshafte Weib, „jetzt ist's um dich geschehen."

Bald kamen die Zwerglein nach Hause. Als sie Schneewittchen wie tot auf der Erde liegen sahen, hatten sie gleich die Stiefmutter in Verdacht, suchten nach und fanden den giftigen Kamm. Und kaum hatten sie ihn herausgezogen, so kam Schneewittchen wieder zu sich und erzählte, was vorgegangen war. Da warnten sie es noch einmal, auf seiner Hut zu sein und niemand die Türe zu öffnen. Daheim stellte die Königin sich wieder vor ihren Zauberspiegel und dieser antwortete ihr wie vorher.

Sofort waren wieder Eifersucht, Missgunst, Neid und Hochmut in ihrem Herzen und sie zitterte und bebte vor Zorn. „Schneewittchen muss endlich sterben, und wenn es mein eigenes Leben kostet!" Sie machte nun einen sehr giftigen Apfel.

Wieder verkleidete sie sich als Bauersfrau, ging über die sieben Berge zu den sieben Zwergen, klopfte an und sprach: „Da, einen Apfel will ich dir schenken." Kaum aber hatte Schneewittchen einen Bissen davon im Mund, so fiel es tot zur Erde nieder.

Da betrachtete es die Königin mit grausigen Blicken und lachte und lachte überlaut und schrie vor Wonne. Und als sie daheim den Spiegel befragte sagte dieser: „Frau Königin, Ihr seid die Schönste im Land." Da hatte ihr eifersüchtig-, missgünstiges, hochmütiges und neidisches Herz endlich Ruhe, so gut ein neidisches Herz Ruhe haben kann. Die Zwerglein, wie sie abends nach Haus kamen, fanden Schneewittchen auf der Erde liegen, und es ging kein Atem mehr aus seinem Mund, denn es war tot. Da kam ein Königssohn, der den Sarg mit dem schönen Schneewittchen haben wollte und er ließ diesen von seinen

Dienern auf den Schultern forttragen. Da geschah es, dass sie über einen Strauch stolperten und das giftige Apfelstück fuhr aus ihrem Hals. **Und nun erzählte Schneewittchen alles, was die Stiefmutter ihr, in ihrer Eifersucht, Hass, Neid, Missgunst, Zorn alles angetan hatte.**
Dieser ließ daraufhin die böse Stiefmutter hinrichten.

Die psychologische Literatur erklärt es so:

- **Eifersucht ist eine (oft krankhafte) zwangsneurotische Angst-Erkrankung, wo der/die Betroffene unablässig am und im Leben des Partners/in, nach Beweisen von Untreue und Fremdgehen sucht und diese/n ständig mit Vorwürfen und Anklagen aufgrund DER EIGENEN INNEREN BILDER quält.**

- **Das Problem liegt meist in der Kindheit, wobei erlebte Lieblosigkeiten, emotionale Verunsicherungen, evtl. auch sex. Missbrauch – ursächlich sein können.**

- **Auf diesem Hintergrund leidet der/die Eifersüchtige meist an versteckten und/oder offenen Ängsten, an Minderwertigkeitskomplexen und deshalb an einem äußerst geringen Selbstwertgefühl, mit tiefer Lebensverunsicherung, an oft krankhaftem Misstrauen und offener oder versteckter Aggression.**

- **Wird Eifersucht oft exzesshaft gelebt und der Partner/in ständig in seiner Wahrhaftigkeit bedrängt und/oder gequält, angeklagt, verdächtigt usw.**

- **so ist in der Regel die Partnerschaft- nach langem und oft sehr unglücklichem Leid - zum Scheitern verurteilt.**

Teil 6

Eifersucht
hat viele
Gesichter

Teil 6 - Eifersucht hat viele Gesichter

Praxisbeispiel:

„Er starrt immer anderen Frauen auf den Busen"

Eines Tages erschien Frau A. (46) in meiner Praxis, sehr hübsch, gut frisiert und geschminkt, super gekleidet, sehr lebendig und offen.

Sie erzählte mir von ihrem Mann Bernd (55), mit dem sie schon immer Frust wegen anderer Frauen habe. Er starre nämlich ständig anderen Frauen auf deren Brüste, insbesondere wenn die Frauen so richtig große Brüste hätten.

Das sei für sie aber sehr demütigend, denn von der Natur habe sie nur einen sehr kleinen Busen bekommen, der aber anscheinend für ihren Mann nicht ausreiche. Sie fühle sich dann immer so minderwertig, sodass sie sich mit ihrem Mann gar nicht mehr auf die Straße traue, weil ihr Mann immer nach anderen Frauen mit großem Busen suche und schaue.

Es habe deshalb daheim schon sehr viele Auseinandersetzungen gegeben, aber ihr Mann streite das natürlich alles ab.

Wenn das so weitergehe, so Frau A., werde ich mich scheiden lassen. Ich halte diese Demütigungen nicht mehr aus."

Kurze Zeit nach dieser Sitzung, meldete sich der Ehemann von Frau A. zur Therapie bei mir an.

„Wissen Sie", so Herr A., *„meine Frau hat mich aufgefordert, zu Ihnen zu kommen, dass Sie mich von meiner „ehezerstörerischen Macke" (wie sie immer sagt) heilen.*

Das ist aber auch zum Verrücktwerden mit meiner Frau. Wissen Sie, das begann schon kurz nachdem wir uns kennen gelernt haben. Schon damals kamen immer wieder diese lauernden Fragen von ihr, ob mir ihr Busen gefalle, ob ich damit zufrieden bin.

...und ehrlich: Ich liebe meine Frau doch und somit auch ihren (ihrer Meinung nach) zu kleinen Busen... und wie oft habe ich ihr genau das schon gesagt, weil sie immer wieder mit diesem Thema anfängt.

Irgendwann sagte ich dann zu ihr, dass, wenn ihr der Busen zu klein wäre, dann solle sie sich den eben vergrößern lassen.

Aber ab diesem Moment war der Teufel los.

Sie habe es ja schon immer gewusst, so sagte sie mir, dass ich nicht mit ihrem Busen zufrieden wäre und nun verstehe sie auch, warum ich immer so geil anderen Frauen auf deren Brüste starren würde.

Ich dachte, jetzt dreht sie wirklich durch. Und ab diesem Moment gab es nur noch Theater. Immer beobachtete sie mich und wenn auch auf der Straße eine Frau nur etwas zu offen angezogen an uns vorbei ging, schon verdächtigte und beschimpfte sie mich als geilen Bock, der immer, nur, ständig und andauernd anderen Frauen auf und in den Busen starren würde, weil ich nicht mit ihr zufrieden sei."

„Ich kann und möchte nicht mehr"

„Und sehen Sie", so Herr A. *„so geht dieses Verdächtigen schon seit Jahren. Auch schläft meine Frau seit Jahren nicht mehr mit*

mir. Sie möchte von mir nicht mehr angefasst werden, da ich ja nur Frauen mit Eutern liebe.

Und es wird immer schlimmer mit diesen Anklagen, Verdächtigungen und Beschimpfungen, dass wenn das nicht bald aufhört, bin ich bereit, mich wegen totaler Zerrüttung meiner Ehe scheiden zu lassen.

Ich halte diesen Busen-Terror, den meine Frau wegen ihrer Eifersucht und Minderwertigkeitskomplexe da ständig veranstaltet, so langsam nicht mehr aus."

Die Frage war für mich als Therapeut: was ist da bei Frau und Herrn A. wirklich los... und wie kann man diesem Ehepaar helfen?

Kehren wir doch einmal in die Psychologie der Angst-Welt des Unterbewusstseins von Herrn und Frau A. zurück.

Weil sich Frau A. nun für sehr minderwertig hielt, hatte sie große Angst, dass ihrem Mann Frauen mit großen Brüsten gefallen müssten und sie ihren Mann dadurch an eine andere Frau verlieren würde... (zentrales Angstproblem!)

Das sagte sie ihm aber nie und deshalb gab es im Lauf der Jahre zwischen den beiden zunehmend immer wieder Auseinandersetzungen, weil sie ihm immer wieder unterstellte, dass er ein geiler Bock sei, der immer anderen Weibern auf die Brüste starren würde.

Das Problem:

Der Ehemann, der ihr sehr oft versichert hat, dass er sie genau so mag, wie sie von der Natur geschaffen ist und ihm andere Frauen mit großem Busen gleichgültig sind, er hatte keine Chance, ihr ihre Minderwertigkeitskomplexe (Ängste) auszureden.

Denn: Ihre Ängste glaubten ihm einfach nicht... und ihre Eifersucht verdächtigte und beschimpfte ihn ständig.
Jede andere Frau mit größerem Busen aktivierte in Frau A. nun ihre Minderwertigkeitskomplexe = Ängste, dass diese andere Frau ihrem Mann besser gefallen müsste als sie selbst... und im Lauf der Zeit wurde diese Haltung zu einem neurotischen Zwang... bei dem ihr Mann einfach keine Chance hatte.

Völlig entnervt der jahrelangen Eifersucht mit den ständigen Streitereien, Diskussionen, Anklagen und Auseinandersetzungen, ließ sich Herr A. aufgrund der Zwänge und Zerrüttung dieser Ehe (auch weil sich seine Frau seit Jahren von ihm nicht mehr anfassen ließ), scheiden.

Wer soll einen solchen neurotischen Psychoterror auch aushalten?

Tja... und wie das Leben so spielt:

Einige Monate danach erschien Frau A. wieder in meiner Praxis und sie „wärmte" entrüstet noch einmal die ganze Ehe und ihrer Meinung nach (Busen – Problematik ihres Ex-Mannes) auf....
d.h. er hatte ja ihrer Meinung nach diese Busen-Problematik... aber nicht sie.
„Und wissen Sie", so erzählte sie mir ganz entrüstet, *„neulich habe ich doch meinen „Ex-Ehemann" mit einer Frau gesehen, die wohl seine neue Flamme ist... und die, die schleppte einen gewaltigen Busen vor sich her.*
Ich habe das ja immer gewusst, dass der Frauen mit riesigen Brüsten liebt. Der hat mir nur 20 Jahre meines Lebens gestohlen und mir immer etwas vorgelogen!"

Tja... Was Ängste doch so alles mit uns treiben!

„Sie ist seit Jahren böse auf mich"

Praxisbeispiel:

„Ja, das stimmt schon: Ich war vor Jahren einmal auf der Kur und da gab es ein Techtelmechtel mit einer anderen Frau, was am Ende der Kur aber sofort vorbei war... und meine Frau hat davon erfahren. Aber das ist viele Jahre her.

Nur, seit dieser Zeit schläft meine Frau nicht mehr mit mir. Sie ist seither bissig und überaus streit- und extrem eifersüchtig, wenn ich nur einmal eine andere Frau anschaue. Ich halte das bald nicht mehr aus."

„Tja, wissen Sie, nicht gelebte, zu wenig gelebte, blockierte oder unzufrieden gelebte Sexualität, das ist in vielen Ehen und Partnerschaften ein „Sprengstoffthema."

Wie oft höre ich diese Frage oder Klagen von Männern in den Therapien oder umgekehrt auch von Frauen, die sagen, sie hätten wenig oder keine Lust auf Sexualität, aber ihr Mann würde sie immer bedrängen oder sie dafür anklagen.

Ich fühle mich hier außerstande Ihnen konkret zu antworten, denn die Möglichkeiten, woran das liegen kann sind immens, was Sie schon daran sehen, dass es zu diesem Thema Tausende von Büchern gibt, die Therapeuten/innen geschrieben haben.

Klar kann es sein, dass Ihre Frau heute noch verletzt ist, weil sie damals mit einer anderen Frau zusammen waren.

Es gibt Frauen, die können das ein Leben lang nicht verzeihen.

Ja, Sexualität, oder noch besser glückliche und erfüllte Sexualität zu leben, das ist das Sahnehäubchen, der „Superkleber" einer Partnerschaft.

Es gibt eine ganz einfache Antwort unter den vielen Möglichkeiten:

Wenn Ihre Frau sich seit Jahren – wie Sie sagen – gegen Sexualität mit Ihnen sperrt, dann sollten Sie Ihre Frau einmal fragen warum.

Es gibt nämlich nur eine Frau, die für Sie die ganz genaue Antwort hat:

Ihre eigene Frau.

Die (Er) - Lösung:

Also, fassen Sie sich endlich ein Herz und fragen Sie Ihre Frau... fragen bitte, nicht bedrängen oder anklagen usw.

Also, fragen Sie Ihre Frau, warum diese seit Jahren keine Lust (mehr) hat mit Ihnen zu schlafen.

Aber klagen Sie diese nicht an, sonst wird sie nicht reden.

Und nach diesem Gespräch, wissen Sie nicht nur mehr – ja vielleicht wartet Ihre Frau schon seit langem darauf, einmal mit Ihnen in Ruhe darüber reden zu können.

Machen Sie Ihrer Frau klar, dass bissig und eifersüchtig sein und ständig über Sie zu wachen, doch keine Lebenslösung sein kann.

Nach diesen vielen vergangenen Jahren muss endlich Ruhe und Frieden sein...

Und zwar für Sie beide...

Was immer das dann in der Konsequenz heißen mag.

Teil 7

Kinder
und
Eifersucht

Teil 7- Kinder und Eifersucht

Eifersucht entsteht oft schon im Elternhaus

Auch Babys und kleine Kinder können bereits Eifersucht empfinden und zeigen, insbesondere in Situationen, in denen sie glauben, dass sie weniger geliebt werden, die Mutter verlieren, weniger Aufmerksamkeit oder Zuwendung bekommen als vorher.

Sich zurückgesetzt fühlen, sich nicht wahrgenommen fühlen, immer die /der ältere, die / der Große sein müssen, die alles akzeptiert und für alles Verständnis haben soll und... für alles verantwortlich gemacht wird usw.

Wobei hier Kinder oft völlig überfordert werden!

Da kann schon in der frühen Kindheit Eifersucht (als Gegenreaktion gegen den Druck und die Fehlerziehung der Eltern sowie Hass z.B. auf die Mutter oder das neue Kleine) entstehen...

Ja, wie soll ein kleines Kind, denn das auch verstehen?

Deshalb ist ein bisschen Eifersucht in der Kindheit normal, aber es ist wichtig, dass Eltern dem älteren Kind helfen, seine Gefühle und die Situation zu verstehen und konstruktiv damit umzugehen. Mütter sollten hier insbesondere beim Stillen aufpassen. Das ältere Kind fühlt sich hier oft besonders zurückgesetzt... hier muss sehr viel erklärt werden.

Aber wie wäre es, wenn Sie ihrem älteren Kind noch einmal die Brust anbieten würden? Mal darüber nachdenken!

Kinder erleben oft Eifersucht in verschiedenen Situationen, zum Beispiel:

1. *Geschwister: Ein neues Baby in der Familie kann starke Eifersucht bei älteren Geschwistern auslösen, die es gewohnt sind, die ungeteilte Aufmerksamkeit der Eltern zu bekommen.*

2. *Elternaufmerksamkeit: Wenn ein Elternteil mehr Zeit mit einem Geschwisterkind oder einem anderen Kind verbringt, können kleine Kinder eifersüchtig reagieren.*

3. *Spielzeug und Besitztümer: Wenn andere Kinder mit ihrem Spielzeug spielen oder ihre Sachen benutzen, können Kleinkinder eifersüchtig werden.*

4. *Freundschaften: Kinder können eifersüchtig auf die Beziehungen ihrer Freunde zu anderen Kindern sein. Wenn ein bester Freund plötzlich mehr Zeit mit einem anderen Kind verbringt, kann das Eifersucht auslösen.*

5. *Vergleiche: Wenn Eltern oder Lehrer Kinder oft miteinander vergleichen, kann das zu Eifersucht führen. Ein Kind kann sich benachteiligt oder weniger wertgeschätzt fühlen, wenn ein anderes Kind ständig gelobt wird.*

6. *Anerkennung und Lob: Kinder, die das Gefühl haben, dass sie nicht die gleiche Anerkennung oder das gleiche Lob wie andere bekommen, können eifersüchtig werden. Sie möchten oft die gleiche Wertschätzung erfahren.*

Diese frühen Anzeichen von Eifersucht sind normal und ein Teil der emotionalen Entwicklung. Jedoch ist es sehr wichtig, dass Eltern diese Gefühle anerkennen und den Kindern helfen, sie zu verstehen und damit umzugehen. Durch liebevolle Zuwendung und das Lehren von Empathie und Teilen können Kinder lernen, mit Eifersucht auf gesunde Weise umzugehen.

Das gilt insbesondere für Patchworkfamilien, wo zwei neue Partner mit ihren Kindern, sich zu einer neuen Familie zusammenfinden möchten. Hier ist oft die Gefahr, dass sich zwar die beiden Erwachsenen lieben, aber die Kinder – eventuell aufgrund vieler unterschiedlicher, auch eifersüchtiger Gründe – nicht zusammenfinden möchten.

Und nun der Klassiker...

Die Eltern bekommen ein neues Baby. Oft passiert es nun, dass sich das erst- oder zweitgeborene Kind zurückgesetzt fühlt, es steht nicht mehr im Mittelpunkt der Familie, muss nun „schon groß" sein...

Das heißt, das Kind darf nun nicht mehr Kind sein und es soll nun schon für alles Verständnis haben. Es erlebt aber, wie das Neugeborene mindestens 4x am Tag Mutters ganze Aufmerksamkeit beim Stillen bekommt (dabei würde es doch auch so gern wieder an der Brust der Mutter nuckeln).

Auch abends erlebt es, dass sich Mutter und Vater viel mehr mit dem kleinen Kind beschäftigen, sich um es sorgen... und die Seele unseres Kindes fragt: *„Ja und was ist mit mir?"...* und seine Seele hungert und weint.

Also wird das Kind eifersüchtig auf das neue Kind sein... und wütend auf die Eltern.

Eine Mutter erzählte mir einmal unter vielem Lachen (die gleiche Situation), dass eines der älteren Kinder zu ihr gesagt habe, **sie möchte doch das Kind wieder zurückgeben, ohne den wäre es viel schöner gewesen.** Diese Mutter hat überhaupt die seelische Not ihres älteren Kindes nicht verstanden. Dafür beklagte sie sich bei mir aber heftig über ihr „erwachsenes Kind", dass dieses ihrem Neugeborenen ständig Streiche spielt, es ärgert und zwickt usw.

...und so entsteht die unerkannte Eifersucht, welche nun als ewiger „Seelenhunger" und/oder als Verlusterlebnis in dem Kind, später in der erwachsenen Frau/Mann einen „Sprengstoff" für Eifersuchtspotential für spätere Partnerschaften darstellen kann.

Wie schlimm Eifersucht Kinder in ihrer Seele stören kann, das können wir in dem Märchen der Frau Holle lesen, insbesondere, wenn noch die Mutter eines der Kinder deutlich bevorzugt.

Das Märchen von der Frau Holle

Eine Witwe hatte zwei Töchter, davon war die eine schön und fleißig, die andere häßlich und faul. Sie hatte aber die häßliche und faule, weil sie ihre richtige Tochter war, viel lieber, und die andere mußte alle Arbeit tun und das Aschenputtel im Hause sein. Das arme Mädchen mußte sich täglich auf die große Straße bei einem Brunnen setzen und mußte so viel spinnen, daß ihm das Blut aus den Fingern sprang. Nun trug es sich zu, daß die Spule einmal ganz blutig war, da bückte es sich damit in den Brunnen und wollte sie abwaschen; sie sprang ihm aber aus der Hand und fiel hinab. Es weinte, lief zur Stiefmutter und erzählte ihr das Unglück. Diese schalt es aber so heftig und war so unbarmherzig, daß sie sprach: "Hast du die Spule hinunterfallen lassen, so hol sie auch wieder herauf."

Da ging das Mädchen zu dem Brunnen zurück und wußte nicht, was es anfangen sollte; und in seiner Herzensangst sprang es in den Brunnen hinein, um die Spule zu holen... und es verlor die Besinnung. Als es erwachte und wieder zu sich selber kam, war es auf einer schönen Wiese, wo die Sonne schien und vieltausend Blumen standen. Auf dieser Wiese ging es fort und kam zu einem Backofen, der war voller Brot; das Brot aber rief: "Ach, zieh mich raus, zieh mich raus, sonst verbrenn ich: ich bin schon längst ausgebacken." Da trat es herzu und holte mit dem Brotschieber alles nacheinander heraus. Danach ging es weiter und kam zu einem Baum, der hing voll Äpfel, und rief ihm zu: "Ach, schüttel mich, schüttel mich, wir Äpfel sind alle miteinander reif." Da schüttelte es den Baum, daß die Äpfel fielen, als regneten sie, und schüttelte, bis keiner mehr oben war; und als es alle in einen Haufen zusammengelegt hatte, ging es wieder weiter.

Endlich kam es zu einem kleinen Haus, daraus guckte eine alte
Frau, weil sie aber so große Zähne hatte, ward ihm Angst, und
es wollte fortlaufen. Die alte Frau aber rief ihm nach:

"Was fürchtest du dich, liebes Kind? Bleib bei mir, wenn du alle
Arbeit im Hause ordentlich tun willst, so soll dir's gut gehn. Du
mußt nur achtgeben, daß du mein Bett gut machst und es fleißig
aufschüttelst, daß die Federn fliegen, dann schneit es in der
Welt; ich bin die Frau Holle." Weil die Alte ihm so gut zusprach,
so faßte sich das Mädchen ein Herz, willigte ein und begab sich
in ihren Dienst. Es besorgte auch alles nach ihrer Zufriedenheit
und schüttelte ihr das Bett immer gewaltig, auf daß die Federn
wie Schneeflocken umherflogen; dafür hatte es auch ein gutes
Leben bei ihr, kein böses Wort und alle Tage Gesottenes und Ge-
bratenes. Nun war es eine Zeitlang bei der Frau Holle, da ward
es traurig und wußte anfangs selbst nicht, was ihm fehlte, endlich
merkte es, daß es Heimweh war; ob es ihm hier gleich vieltau-
sendmal besser ging als zu Haus, so hatte es doch ein Verlangen
dahin.

Endlich sagte es zu ihr: "Ich habe den Jammer nach Haus ge-
kriegt, und wenn es mir auch noch so gut hier unten geht, so
kann ich doch nicht länger bleiben, ich muß wieder hinauf zu den
Meinigen." Die Frau Holle sagte: "Es gefällt mir, daß du wieder
nach Haus verlangst, und weil du mir so treu gedient hast, so
will ich dich selbst wieder hinaufbringen." Sie nahm es darauf
bei der Hand und führte es vor ein großes Tor. Das Tor ward
aufgetan, und wie das Mädchen gerade darunter stand, fiel ein
gewaltiger Goldregen, und alles Gold blieb an ihm hängen, so
daß es über und über davon bedeckt war. "Das sollst du haben,

weil du so fleißig gewesen bist," sprach die Frau Holle und gab ihm auch die Spule wieder, die ihm in den Brunnen gefallen war.

Darauf ward das Tor verschlossen, und das Mädchen befand sich wieder oben auf der Welt, nicht weit von seiner Mutter Haus; und als es in den Hof kam, saß der Hahn auf dem Brunnen und rief: "Kikeriki, Unsere goldene Jungfrau ist wieder hie." Da ging es hinein zu seiner Mutter, **und weil es so mit Gold bedeckt ankam, ward es von ihr und der Schwester gut aufgenommen.**

Das Mädchen erzählte alles, was ihm begegnet war, und als die Mutter hörte, wie es zu dem großen Reichtum gekommen war, war die Stiefmutter neidisch, missgünstig und eifersüchtig, denn sie wollte ihrer richtigen Tochter, die häßlich und faul war, gerne dasselbe Glück verschaffen.

Diese musste sich also auch an den Brunnen setzen und spinnen; und damit ihre Spule blutig ward, stach sie sich in die Finger und stieß sich die Hand in die Dornhecke. Dann warf sie die Spule in den Brunnen und sprang selber hinein. Sie kam, wie die andere, auf die schöne Wiese und ging auf demselben Pfade weiter. Als sie zu dem Backofen gelangte, schrie das Brot wieder: "Ach, zieh mich raus, zieh mich raus, sonst verbrenn ich, ich bin schon längst ausgebacken." Die Faule aber antwortete: "Da hätt ich Lust, mich schmutzig zu machen," und ging fort. Bald kam sie zu dem Apfelbaum, der rief: "Ach, schüttel mich, schüttel mich, wir Äpfel sind alle miteinander reif." Sie antwortete aber: "Du kommst mir recht, es könnte mir einer auf den Kopf fallen," und ging damit weiter.

Als sie vor der Frau Holle Haus kam, fürchtete sie sich nicht, weil sie von ihren großen Zähnen schon gehört hatte, und verdingte sich gleich zu ihr. Am ersten Tag tat sie sich Gewalt an, war fleißig und folgte der Frau Holle, wenn sie ihr etwas sagte, denn sie dachte an das viele Gold, das sie ihr schenken würde. Am zweiten Tag aber fing sie schon an zu faulenzen, am dritten noch mehr, da wollte sie morgens gar nicht aufstehen. Sie machte auch der Frau Holle das Bett nicht, wie sich's gebührte, und schüttelte es nicht, daß die Federn aufflogen. Das ward die Frau Holle bald müde und sagte ihr den Dienst auf. Die Faule war das wohl zufrieden und meinte, nun würde der Goldregen kommen; die Frau Holle führte sie auch zu dem Tor, als sie aber darunterstand, ward statt des Goldes ein großer Kessel voll Pech ausgeschüttet. "Das ist zur Belohnung deiner Dienste," sagte die Frau Holle und schloß das Tor zu. Da kam die Faule heim, aber sie war ganz mit Pech bedeckt, und der Hahn auf dem Brunnen, als er sie sah, rief: "Kikeriki, Unsere schmutzige Jungfrau ist wieder hie." Das Pech aber blieb fest an ihr hängen und wollte, solange sie lebte, nicht abgehen.

Wenn Eltern ihrer Kinder nicht verstehen...

„Unser Christoph (7 Jahre) ist immer noch Bettnässer"

Praxisbeispiel

In der Sprechstunde sitzt mir Frau C. (35) gegenüber und sie erzählt mir: „Unser ältester Sohn ist mittlerweile 7 Jahre alt und er ist immer wieder Bettnässer, insbesondere, seitdem wir unser kleines Kind bekommen haben. Ich war mit Christoph schon bei mehreren Ärzten auch bei Urologen. Er wurde sogar schon operiert, ein Harnröhrenschnitt wurde gemacht, aber bisher hat ihm nichts geholfen. Ich schäme mich oft für meinen Sohn, denn er ist doch schon so groß. Aber ich habe Angst, dass er irgendwie krank ist.

Jetzt weiß ich absolut nicht mehr weiter. Hätten Sie eine Idee, einen Rat?"

Tja....Hier einmal voraus etwas Grundsätzliches, da ich diese Dinge sehr gut aus der Praxiserfahrung her kenne:

Jedes Kind jenseits des 4. spätestes 5. Lebensjahres kennt seine Körperfunktionen und geht bei Harndrang auf die Toilette, auch in der Nacht, außer vielleicht, es sei krank. So erzählen mir auch die Mütter, wo sie schon überall mit ihrem Kind gewesen sind bei welchen Ärzten, was da alles mit dem Kind „schon gemacht" wurde. Manchmal läuft es mir bei den Schilderungen der Mütter wirklich kalt den Rücken herunter, was man da ihren Kindern von Seiten der Medizin antut.

Meiner Erfahrung nach sind die Probleme des Einnässens fast immer Störungen der kindlichen Seele oder Seelen - Probleme, die in Form von Ängsten - unsichtbar in der Nacht - in dem Kind arbeiten. Ängste machen Spannungen, Spannungen verändern Körperfunktionen. Diese Ängste sind natürlich von außen nicht sichtbar, man muss da schon wirklich sehr tastend und erfahrend damit umgehen.

Vor allen Dingen wird hier ein ganz großer Fehler gemacht. Der Fehler ist bei bettnässenden Kindern, dass man mit ihnen zu den Ärzten geht und dem Arzt (natürlich im Beisein des Kindes) die schrecklichen Geschichten über das einnässende Kind erzählt: *„Immer Schlafanzug und Bettwäsche wechseln, alles stinkt, die viele Arbeit usw."*

Und das Kind steht hilflos dabei, fühlt sich von den Erzählungen der Mutter angeklagt, sieht die Augen und Mimik des Arztes und schämt sich dabei in Grund und Boden. Und das arme Kind weiß ja selbst nicht, was mit ihm los ist, aber es fühlt sich angeklagt, wie ein Verbrecher.

Die Medizinwelt versucht nun mit ihren Methoden bei dem Kind die „richtige Schraube" zu finden, an der man drehen muss, damit das Kind nun endlich richtig funktioniert. Nun wird das Kind untersucht, Ultraschall und Urinuntersuchungen vorgenommen, bei einigen wird sogar operiert, nämlich die Harnröhre wird aufgeschlitzt usw., in der Erwartung, dass das Kind nun „funktioniert". Ich finde das alles ganz schrecklich, was man hier dem Kind und seiner Seele antut. Denn darum geht es hier ja schließlich, um die Seele des Kindes.

Ich würde auf Grund meiner eigenen Erfahrung mit einer ganzen Reihe ähnlicher Problemfälle sagen, hier sollte nicht von Ärzten an dem Kind herumgedoktert werden.

Denn sehr häufig ist nämlich das Elternsystem die wahre Ursache, welches dem Kind Angst macht und verändert werden muss, wie in diesem Fall, wo sich der 7 - jährige Christoph mit seinen kleinen Geschwistern ein Zimmer teilen muss... und nun kommt auch noch die Schule dazu. Ein Kind, das einnässt, hat seelische Probleme, und zwar Angstprobleme, ich vermute hier auch Eifersucht auf die Geschwister, welche von der völlig überforderten Mutter mehr Zuwendung bekommen, denn... Liebe, Nähe, Wärme, Zuneigung, Aufmerksamkeit, Anerkennung, das bekommen in diesem Fall seine kleinen Geschwister, aber nicht er... oder viel zu wenig, denn er ist ja schon „DER GROSSE."

Natürlich kann es auch sein, dass das Kind in seiner frühkindlichen Zeit viele Ängste, Probleme, Spannungen (meist durch die Eltern) erlebt hat, die ihm im Schlaf in seinen Träumen begegnen, woran sich seine Eltern natürlich nicht (mehr) erinnern können. Die Folgen: Das Kind wird nicht wach und geht zur Toilette, sondern die Ängste öffnen die Blase im Bett. Das muss mit dem Kind zusammen ganz vorsichtig und angstfrei aufgedeckt und bearbeitet werden... und gleichzeitig müssen die Eltern ihre Probleme bearbeiten, auch wie sie miteinander und/oder mit ihrem Kind umgehen, damit das Kind angstfrei leben und schlafen gehen kann.

Es ist meine Erfahrung, dass wenn sich das Kind glücklich und in seine Familie eingebunden fühlt, dann hören seine Ängste und dieses Bettnässen sehr schnell auf. Das kennen doch viele sehr gut, zum Beispiel in der Schule: Wenn ein Kind in eine neue Klasse kommt, dort gemoppt wird, Lehrerwechsel ist, Ungerechtigkeiten da sind, Klassenarbeiten anstehen.

Wenn aber die Ursachen nicht abgestellt werden, dann kann man mit dem Kind jahrelang Sandkastenspiele beim Psychologen / in machen (lassen). Ich habe noch nicht oft erlebt, dass das viel geholfen haben soll. Schlimmer für das Kind ist oft, wenn man solche Kinder durch die Medizinwelt schleift, denn meist fehlt den Kindern organisch überhaupt nichts.

Das sogenannte Einnässen ist meiner Erfahrung nach ein reines sensibles, seelisches Angst- Eifersuchtsproblem. Und so war das auch hier. Die Mutter erzählte mir nämlich, dass sie vor einem halben Jahr noch einen Nachzügler bekommen hat und sie überhaupt nicht weiß, wie sie das alles zusammenbringen soll. Der arme 7 - jährige Christoph…

Ich habe bei solchen Kindern immer Hypnosetherapie angewendet, das hilft oft wunderbar. Siehe dazu mein Hypnose - Buch - im Anhang: *„Dein Glaube hat Dir geholfen."*

Eifersucht unter Kindern:

„Du nimmst mir meine Mama weg"

Ein sehr eindrucksvoller Fall aus meiner Praxis:

Es gibt Geschichten, die, wollte man diese erfinden, so würde man die ganze Phantasie brauchen… so man diese überhaupt dafür hat. Und deshalb klingen sie so unwahrscheinlich wie ein erfundenes Märchen, wie bei dem Fall von Frau A. und ihrer kleinen Tochter Eva.
Vorgeschichte:
Frau A. hatte drei Kinder: Michaela 12, Marianne 9 und die kleinste, Eva, 6 Jahre alt.

Die Familie stammt aus Thüringen. Nach dem Fall der Mauer fand ihr Mann eine neue Arbeitsstelle in Bayern und gleichzeitig ein altes, preislich sehr günstiges Haus zum selbst renovieren.

Seit der Geburt ihres 2. Kindes hatte die Mutter plötzlich ein riesiges Problem mit der erstgeborenen Michaela. Unerwartet wurde der Sonnenschein der Familie plötzlich fürchterlich eifersüchtig auf das neugeborene Kind … und die kleine Michaela tat alles, um dem neugeborenen Baby körperlich und der Mama seelisch weh zu tun.

Und so gab es mit der kleinen Michaela wegen ihrer Eifersucht ständig Ärger, Schimpfe, Belehrungen, Bestrafungen. Dann begann Michaela auch noch zu kränkeln und sie wurde Bettnässerin. Typischer Fall von Eifersucht auf das 2. Kind, war die Diagnose des Kinderarztes. Den Kindergarten mochte Michaela (die Älteste) überhaupt nicht, ebenso wenig später die Schule, während Marianne (die Zweitgeborene) damals gleichzeitig in den Kindergarten kam, aber Frieden zwischen den beiden Kindern gab es nie, sondern immer nur Streitereien und Eifersucht. Als dann 3 Jahre später die kleine Eva auf die Welt kam, da verbündeten sich die beiden älteren Mädchen und waren eifersüchtig auf die Kleine.

Sie wurden frech, schwänzten die Schule, verweigerten den Familienbetrieb und das Hausaufgabenmachen und sagten öfter zu ihrer Mutter: *„Kümmere du dich doch um Dein Herzipuppi."*

Als die Kleine Eva größer wurde jagten die beiden älteren ihr immer Angst ein, indem sie ihr immer sagten: *„In der Nacht kommt der schwarze Mann und holt Dich"*… sodass die Kleine vor lauter Angst immer weinte und kaum mehr allein und ruhig schlafen konnte. Also kam das Angebot und der Berufswechsel für den Ehemann gerade recht und die Familie zog mit der Kleinen nach Bayern. Michaela und Marianne wollten schon wegen der Schule, der Freundinnen und der gewohnten Umgebung erst einmal bei ihren Großeltern bleiben, was die Situation sehr entspannte. Aber nun machte plötzlich die kleine Eva heftige Probleme und Frau A. kam mit ihr in meine Praxis.

„Wer hat Angst vorm schwarzen Mann?"

Ein sehr eindrucksvoller Fall aus meiner Praxis:

Eines Tages erschien in der Praxis Frau A. mit ihrer kleinen Tochter Eva (6).
  Frau A. erzählte, *dass ihr Kind ständig krank sei. Sie war mit der kleinen Eva schon bei mehreren Kinderärzten und sie habe für das Kind alle möglichen Arzneien bekommen.*
Im Kindergarten sei Eva wegen ihrer Krankheiten häufig ausgefallen. Jetzt habe aber die Schule begonnen und nun sei Eva schon wieder krank und neuerdings, pieselt sie nachts oft ein. Auch sei Frau A. mit Eva schon bei zwei Heilpraktikerinnen gewesen, die über lange Zeit versucht hätten, dem Kind mit klassischer Homöopathie zu helfen, aber auch das ohne Erfolg.

Nach einer Woche war Frau A. mit der kleinen Eva wieder in meiner Praxis, denn dem Kind ging es immer noch nicht besser. (Da stimmt doch etwas anderes nicht, so mein Verdacht). Danach gefragt, erzählte mir Frau A. nun, dass Eva auch immer so komische Ängste und Fantasien habe. Sie wolle einfach nicht in ihrem Kinderzimmer spielen, Hausaufgaben machen usw., welches die Eltern extra für sie eingerichtet hätten. „Eva sage immer, da sei der „Schwarze Mann" drin, was doch nun wirklich Quatsch sei", so Frau A.

„Auch wolle Eva absolut nicht allein darin schlafen. Und wenn wir sie dazu zwingen, dann komme sie in der Nacht oft schreiend und schweißüberströmt ins Schlafzimmer der Eltern gerannt. Das Theater sei oft mit ihr nicht zum Aushalten, aber das habe doch nichts mit der Krankheit von Eva zu tun", so Frau A.

Auf meine Fragen, wann das alles begann, sagte mir Frau A. das gehe schon seit Jahren so, weil die beiden älteren Töchter die kleine Eva (wahrscheinlich aus Eifersucht) immer mit dem schwarzen Mann gehänselt hätten. Nur jetzt ist das noch viel schlimmer. *„Wir sind vor zwei Jahren wegen der Arbeit meines Mannes von Thüringen hierhergezogen. Wir haben dann in der schönen Stadt X. dieses alte Haus sehr günstig kaufen können, dass anscheinend schon lange leer gestanden ist und wir sind seither dabei, es für unsere Zwecke umzubauen."*

Diese Sache mit dem "Schwarzen Mann" gefiel mir gar nicht. Ich hatte, wenn Kinder so etwas erzählen, da so meine Erfahrung.

Hier einmal die typische Reihenfolge:

- Entweder ist der "Schwarze Mann" eine kindliche Angstprojektion, entstanden durch Bilder aus angstmachenden Erzählungen, Gruselgeschichten, Fernsehen usw.

- oder der "Schwarze Mann" eine Projektion der kindlichen Seele als Widerstand gegen die Eltern, Geschwister, das Zimmer, Haus usw.

- oder das Kind sieht/empfindet den "Schwarzen Mann" als etwas Dunkles, etwas Bedrohliches, der für das Kind aber wirklich da ist, sichtbar, fühlbar (z.B. Verstorbene/arme Seelen usw.), was aber wir Erwachsenen nicht wahrnehmen können, weil uns die „Antennen" dafür fehlen.

In jedem Fall leiden die kindlichen Seelen sehr unter diesem ständigen Angstdruck. Früher oder später wird dann - als Ausdruck dieser inneren Spannung - der Körper krank, oft pieselt das Kind nachts ein, was ja genau der Lebensgeschichte der kleinen Eva entspricht. Beginn vor einigen Jahren, aufgrund der eifersüchtigen Hänseleien der älteren Schwestern: Umzug, das neue/alte Haus, der Umbau, zu wenig Zeit der Eltern, der neue Kindergarten, neue Kinder, andere Umgebung und andere Sprache, andere Mentalität usw., was kann hier los sein?

Ich bat Frau A., ob ich mit der kleinen Eva einmal allein reden könnte? Eva war ein liebes, nettes und zugängliches Mädchen, blond mit großen blauen Augen.

Ich fragte sie, ob sie mit mir einmal über diesen „Schwarzen Mann" reden möchte, den sie öfter in ihrem Kinderzimmer sehe, denn hier in meinem Haus und in der Praxis gäbe es so etwas wirklich nicht.

Etwas ängstlich erzählte mir Eva, dass sie den "Schwarzen Mann" immer wieder einmal sehe, (Kopfkino!!!) und das mache ihr einfach Angst und sie möchte absolut nicht in ihr Kinderzimmer. Auf meine Frage, was der „Schwarze Mann" so mache, sagt mir Eva: „Nix, der ist einfach da, aber das ist so gruselig."

Frau A. meinte zu mir, das sei doch alles nur überschäumende Fantasie ihrer Tochter und sie möchte eigentlich nicht, dass dieses Thema auch noch „breitgetreten" werde.

Ich fragte Frau A., ob sie oder ihre Familie gläubig wäre? „Nein", antwortete Frau A. ganz befremdet, „wir gehen kaum in die Kirche."

Bei meiner Frage, ob sie an Engel glaube, wackelte Frau A. nur noch mit dem Kopf und schaute demonstrativ zur Decke. Ich bat Frau A. nun, sich und ihre Tochter auf ein Experiment einzulassen und mir und meiner Erfahrung mit Kindern zu vertrauen.

Ich erzählte Frau A. und der kleinen Eva, wie wichtig gerade Engel für Kinder wären. Ich betonte ausdrücklich, dass jedes Kind auch seinen Schutzengel habe, der für dieses Kind immer da sei, es behütet und beschützt, insbesondere natürlich vor solchen Figuren wie diesem komischen „Schwarzen Mann".

Die kleine Eva hörte mir dabei ganz gespannt zu.

Nachdem ich genügend über Engel erzählt und sie malerisch beschrieben hatte, gab ich der kleinen Eva nun einen großen Zeichenblock und Buntstifte und ich ließ sie unter meiner Anleitung einen großen Engel malen, was sie sehr schön und mit viel Spaß machte.

Wichtig:
Kinder geraten/sind beim Malen meist in Trance und sie iden-
tifizieren sich mit den Inhalten dessen, was sie gerade ma-
len!

Weiter in Trance

Dann bat ich die kleine Eva, doch einmal die Augen zu schließen und sich nun ihren Engel auch vorzustellen. „Ja" meinte sie, „ich sehe ihn." Ich ließ mir nun genau ihren Engel beschreiben. Ich bat sie doch einmal ihren Engel zu fragen wie er heißt. „Tony" meinte sie... und die Mutter sofort: „Quatsch, so heißt doch unser Hund."

Ich schüttelte nur leise mit dem Kopf und ich sagte zu dem Kind: *„Tony, das finde ich aber sehr schön. Dann wollen wir ab sofort deinen Schutzengel immer Tony nennen. Frag doch den Tony einmal, ob er wirklich immer für dich da ist und ob er dich auch wie ein richtiger Schutzengel beschützt",* so meine Fragen. *„Ja, er sagt, er ist immer für mich da",* so das Kind.

„Frag ihn doch einmal, ob er vielleicht auch etwas gegen diesen komischen Schwarzen Mann machen kann, ob er ihn evtl. sogar verjagen kann?" so meine Fragen. *„Ja",* sagte die Eva nach einiger Zeit, *„er sagt, dass er das kann."*

„Nun", so meinte ich *„dann bitte ihn doch, dass er diesen Schwarzen Mann ab sofort und für immer verjagt, sodass der nie, nie wiederkommt und du endlich in deinem Zimmer spielen und schlafen kannst."*
Wieder redete die Kleine mit ihrem Engel (in der Zwischenzeit war sie schon in tiefer Trance) und der Engel bestätigte ihr, dass er diesen Schwarzen Mann für immer verjagen werde und sie keine Angst mehr zu haben brauche.

Wir setzten noch einen Anker:

„Immer, wenn du das Bild deines Engels anschaust oder an das schöne Bild denkst, das du gemalt hast, dann weißt du, dass dein Schutzengel jetzt bei dir ist, der dich ab sofort und für immer in deinem Leben vor allen schwarzen Männern dieser Welt behütet und beschützt."

Mehrmals vom Kind selbst wiederholen lassen, was der kleinen Eva Selbstbewusstsein und Selbstvertrauen gibt.

Danach holte ich Eva wieder aus der Trance zurück. Sie nahm ihr Bild mit und hängte es daheim wie besprochen über ihr Bett.
Frau A. war zwar evangelisch, wie sie mir erzählte, und mit Engeln und Engelglaube wenig vertraut, aber wenn es ihrem Kind nutzt, so meinte sie, dann mache sie gutwillig mit, obwohl das für sie alles ein bisschen nach Voodoo - Voodoo klinge…

„Na ja", meinte sie lakonisch, *„hier in Bayern glaubt man vielleicht an so etwas."*

Wichtig für Eltern:

Kinder brauchen Märchen, Engel, Elfen, Feen

Ein Drama unserer heutigen Zeit ist es, dass viele Eltern, so wie Frau A., heute ihren Kindern weder Märchen noch Engel-, Elfen- und Feen Geschichten usw. vorlesen, mit ihren Kindern darüber reden, ihnen viel davon erzählen.

Den Kindern geht dadurch in ihrer Seelen- und Lebensentwicklung sehr viel verloren. Sie lernen einfach nicht die heilende und Vertrauen spendende Wirkung dieser mystischen und göttlichen Wesen kennen, welche einer kindlichen Seele so guttun, weil das dem Kind seelische Stabilität gibt und Selbstvertrauen fördert.

Und einmal in die Zukunft geschaut:

Dieses Kind hier konnte nun durch die Therapie viel Selbstbewusstsein und Selbstvertrauen aufbauen.

Sie wird es später als erwachsene Frau ganz bestimmt nicht nötig haben eifersüchtig zu sein.

Mal ehrlich:

welchen „Mist" sehen und hören Kinder oft vor dem Fernsehapparat, Internet und Smartphone…
und das oft schon in den so genannten Kindersendungen?

Ist es da ein Wunder, wenn Kinder Ängste und /oder seelische Störungen entwickeln?

Ganz geschweige davon, dass viele Eltern vom Glauben an sich nicht viel hören wollen.

Was könnte die kindliche Seele z.B. aus den Erzählungen des Lebens und Wirkens Jesu profitieren, würde man ihnen das positiv beibringen?

Kinder sind da viel feinfühliger, als sich das Erwachsene vorstellen können…

Und sie können dadurch ihre Ängste verlieren und Selbstbewusstsein und Selbstvertrauen gewinnen.

Engelbilder können heilen

Am nächsten Tag klingelte bei mir das Telefon und Frau A. erzählte mir ganz erstaunt, Eva habe gestern Abend noch ihr Engel-Bild über ihr Bett aufgehängt, und sie habe ohne Theater in ihrem Kinderzimmer die ganze Nacht allein und ruhig durchgeschlafen... Und nun sitze sie schon wieder und male neue Engelbilder.

Wir brauchten noch zwei weitere Hypnose - Sitzungen, wo die behütende und beschützende Engelskraft noch mehr verstärkt ins Unterbewusstsein des Kindes eingeprägt- bzw. der Kanal zu ihrer eigenen Engelwelt und zu ihrem Selbstvertrauen endlich geöffnet wurde, (was die Eltern bei ihrem Kind bisher versäumt haben!)
...und wichtig: durch diese Therapie konnte das Kind endlich Selbstvertrauen und Selbstbewusstsein aufbauen, sich stabilisieren und so seine Ängste verlieren.

Frau A. konnte es gar nicht glauben, aber auch die chronische Infektanfälligkeit ihrer Tochter hörte damit auf und das Kind ging nun gern (weil angstfrei!) in die neue Schule. Aber ihr ganzes Kinderzimmer, so erzählte mir Frau A. in unserer letzten Sitzung, war voll von Engelbildern, die der kindlichen Seele so guttun!

Voll Erstaunen berichtete mir Fr. A., dass sich die kleine Eva bei einem letzten Familienbesuch in Thüringen auch absolut nicht mehr von ihren eifersüchtigen Schwestern mit der Schwarzen Mann - Geschichte beeindrucken ließ, sondern sie sich massiv gewehrt hat.
Sie antwortete nur immer wieder ganz cool und selbstbewusst: *„Quatsch, Euren schwarzen Mann, den gibt's doch gar nicht mehr, den haben meine Engel vertrieben"...*
was ihre Schwestern mit Kopfschütteln und Unverständnis quittierten.

... das nennt man Selbstbewusstsein!

Gruseliges Haus

Nur die Geschichte geht noch weiter:

Nach einem halben Jahr kam Frau A. wieder in die Praxis. Sie meinte, sie habe den Eindruck gewonnen, sie könne mit mir über alles reden, auch wenn es seltsam klingen mag. Denn nun sagt die Eva immer wieder, sie sähe zwar den „Schwarzen Mann" öfter im Haus, aber sie habe keine Angst mehr davor. „Langsam", so Frau A., „wird es mir selbst richtig gruselig in diesem Haus", zumal sie im Lauf der Zeit bemerkt habe, dass die Leute im Ort oft so komische Andeutungen über das alte Haus gemacht hätten. Sie und ihr Mann hätten (natürlich unwissender Weise und als Fremde), erfreut über den damals niedrigen Preis, dieses uralte Haus am Wasser mit der schönen Lage gekauft.

Gemunkelt wird aber, das Haus in dieser Grenzstadt wollte nie jemand kaufen, weil es einmal ein altes Wirtshaus gewesen sein soll. Davon gäbe es heute noch im Ort viele gruselige Gerüchten, über Schmuggler und Bordellbetrieb usw., wie ihr so nach und nach zu Ohren gekommen sei. Ja, darin sollen sogar einige Morde passiert sein, wird gemunkelt, so Frau A.

Obwohl Frau A. evangelisch getauft war, gab ich ihr nun den Rat, zum Ortspfarrer zu gehen, ihm diese Geschichte ruhig zu erzählen und ihn zu bitten, zu ihnen zu kommen und das Haus nach dem Umbau neu einzuweihen, um endlich diese alten und dunklen Energien aus dem Haus heraus zu bekommen Vielleicht würden dadurch sogar einige Seelen erlöst, die eventuell in dem Haus ermordet worden sind und die sich deshalb noch nicht von diesem Ort lösen konnten.

Aber das sind auch nur Vermutungen. Nach einigen Wochen erzählte mir Frau A. der Pfarrer sei sogar mit zwei Ministranten gekommen und er habe wegen der „Schwarzen - Mann - Geschichte" jedes Zimmer neu eingeweiht und… es sei einfach nicht zu glauben:

Das Haus fühle sich seither viel besser an, das Gruselgefühl sei weg, der Eva gehe es jetzt wirklich gut.

Sie sei stabil und sehr selbstbewusst, sie gehe jetzt sogar gern in die Schule und über ihrem Bett hänge jetzt das Bild von einem ganz großen Engel.

… und…
Die kleine Eva habe seither nie wieder etwas von einem „Schwarzen Mann" erzählt.

Darüber sollte man wirklich nachdenken.

Fink und Frosch von Wilhelm Busch

Im Apfelbaume pfeift der Fink sein: pinkepink!

Ein Laubfrosch klettert mühsam nach bis in des Baumes Blätterdach und bläht sich auf und quakt: *"Hallo, Herr Nachbar, ick bin ooch noch da!"*

Und wie der Vogel frisch und süß sein Frühlingslied erschallen ließ, gleich muss der Frosch in rauen Tönen sein Schusterbass dazwischen dröhnen.

"Juchheija, heija!", ruft der Fink. *"Fort flieg` ich flink!"* Und schwingt sich in die Lüfte hoch.

"Wat?" ,ruft der eifersüchtge Frosch.

"Na dett kann ik ooch!"

Macht einen ungeschickten Satz, fällt auf den harten Gartenplatz, ist platt, wie man die Kuchen backt, und hat für ewig ausgequakt.

Moral:

Wenn einer, der mit Mühe kaum - geklettert ist auf einen Baum – noch meint, dass er ein Vogel wär... so irrt sich der.

Und wie man sehen kann:

Viele liegen mit ihrer Eifersucht völlig daneben.

Teil 8

Eifersucht:

Wenn Ängste und Minderwertigkeitskomplexe das Leben bestimmen

Teil 8- Wenn Ängste und Minderwertigkeitskomplexe das Leben bestimmen

Praxisbeispiel:

„Er ist eifersüchtig auf meine Katzen"

Mir gegenüber sitzt Frau G. Sie schaut mich mit Tränen in den Augen an.
„Wissen Sie", sagte sie, *„da habe ich endlich einmal einen wirklich lieben Mann kennen gelernt, mit dem ich mir eine Zukunft vorstellen konnte. Und nun das...*
Als er mich das erste Mal in meinem Haus besucht hat, da sah er meine vierbeinigen Lebenspartner: meinen liebevollen Labrador Emil und meine beiden Katzen Peterle und Paulinchen.
Ich habe mich über das Verhalten meiner Tiere gewundert, die sonst immer freudig jeden Gast begrüßten. Aber bei diesem Mann waren sie sehr zurückhaltend.
Und, anstatt dass es nun ein schöner Abend wurde, auf den ich mich so gefreut hatte, eröffnete er mir, dass er keine Tiere im Haus mag und es unter diesen Bedingungen auch keine Partnerschaft zwischen uns geben kann... und weg war er.
Was sagen Sie denn dazu? Ich liebe meine Tiere, meinen Hund und meine Katzen, aber er lehnt diese ab. Ist er eifersüchtig?"

Tja... ich bin ja selbst Katzenliebhaber...

„Das klingt nach einer schwierigen Situation, insbesondere wenn Sie eine enge Beziehung zu Ihrem Hund und zu Ihren Katzen haben, aber Ihr Partner damit Schwierigkeiten hat. Das ist aus meiner Sicht normal, dass Menschen unterschiedliche Vorlieben und Abneigungen haben, und manchmal kann Eifersucht hier eine erhebliche Rolle spielen, wenn sich jemand durch ein Haustier „ersetzt" fühlt.

Sollten Sie noch mit Ihrem Partner in Kontakt stehen, so könnte es sinnvoll sein, ein offenes Gespräch zu führen, um zu verstehen, warum er Hunde und Katzen ablehnt.

Vielleicht gibt es tiefere Gründe wie Allergien, Ängste oder negative Erfahrungen, die zu einer solchen Einstellung führen... die jetzt mit Eifersucht „überspielt" werden.

Wenn aber Eifersucht wirklich eine Rolle spielt, könnten Sie ihm versichern, dass Ihre Liebe zu Ihrem Hund und den Katzen nichts an Ihren Gefühlen für ihn verändert.

Es ist immer schwierig, wenn sich ein Partner / in eifersüchtig fühlt, weil der andere Partner / in Haustiere mag. Eifersucht kann entstehen, wenn sich der andere „ausgeschlossen" fühlt oder das Gefühl hat, dass Ihre Aufmerksamkeit und Zuneigung mehr ihren Tieren gilt als ihm.

Denn oft geht es allerdings weniger um das Haustier selbst als vielmehr um den Platz, den das Tier in der Beziehung einnimmt und wie dieser Platz von dem anderen Partner wahrgenommen wird.

Ich denke mir:

Es ist wichtig, dass sich beide Partner mit der Haltung von Haustieren einverstanden fühlen, damit solche Gefühle wie Eifersucht gar nicht erst entstehen und zu Spannungen und zu Konflikten führen können."

„Habe ich meinen Mann betrogen?"

Praxisbeispiel: In der Sprechstunde fragt mich Frau M.:

„Ich habe immer in meiner eigenen inneren Fantasie-Welt gelebt... nein besser, leben müssen. Denn mein Mann ist nur im Außen für mich da. Er interessiert sich für seinen Fußballverein, seinen Beruf, baut Haus, aber er hat sich noch nie für meine Sorgen, Gedanken, Gefühle interessiert.

Also habe ich mir meine eigene innere Fantasie-Welt aufgebaut, mit einem lieben Mann, der gut zu mir ist, so wie ich es gerne hätte. Und wenn mein Mann mit mir geschlafen hat, dann habe ich mir immer diesen anderen Mann vorgestellt, der lieb und zärtlich zu mir ist. Andererseits betrachtet und bewacht mein Mann mich mit Argusaugen und er ist schon stinkeifersüchtig, wenn ich mich nur mit unserem Nachbarn oder mit einem anderen Mann unterhalte.

Ich verstehe das alles nicht. Bin ich nun schuldig?".

„Oh, liebe Frau M., das ist jetzt aber kein einfaches Thema. Das sollten wir uns einmal genau betrachten.

Zuerst einmal: Was bedeutet schuldig? Schuldig ist für mich ein Bankräuber, der Menschen erpresst oder erschießt oder ein Kinderschänder. Diese sind für mich schuldig...ebenso Politiker, die ihr Volk belügen und betrügen. **Aber ich glaube, Sie sprechen hier nicht von Schuld, sondern von Schuldgefühlen.**

Also, was heißt hier schuldig? Frauen, die sich vernachlässigt, die sich von Ihren Männern nicht (mehr) angesprochen fühlen, Frauen, die sich mit ihren Gefühlen nicht wahrgenommen fühlen, deren Seele leidet, die einen brechen aus und gehen „fremd", andere lassen sich scheiden, andere werden als Ausdruck ihrer Seelenqual psychosomatisch oder handfest krank.

Wieder andere flüchten, entsprechend ihrem kindlichen Muster in ihre innere Welt, in ihre Fantasien. Sie leben dort, um überleben zu können..., so wie Sie, „weil mein Mann nie für mich da war", wie Sie sagen. Oft höre ich solche Fantasiegeschichten von Frauen, wenn sie sich mit ihrem Dildo selbst befriedigen. Ihre Frage: „Habe ich meinen Mann mit meinem Fantasiemann betrogen", das ist natürlich eine Frage des Gewissens.

Jesus Christus sagt in seiner Bergpredigt dazu: „Wer einen anderen Menschen in seinem Herzen trägt, der hat mit ihm schon die Ehe gebrochen." Ich bin nicht so radikal wie Jesus Christus und sage NEIN, das ist kein (direkter) Betrug...obwohl... Denn dann müsste man im gleichen Atemzug sagen, auch Ihr Mann hat den gleichen Anteil dazu beigetragen. Er hat sich ja nicht so um Sie gekümmert, (was er sicher am Traualtar versprochen hat), sodass hier hätte echte Partnerschaft hätte wachsen können.

Hätte er sich besser um seine Frau gekümmert, wie es in einer guten Partnerschaft sein sollte, dann wäre wahrscheinlich nichts passiert. Es hätte den „sogenannten Betrug" mit Ihrem Fantasiemann nicht gegeben. Aber noch eine „Obwohl" Frage liegt mir auf der Zunge: Hat Ihr Mann von Ihrer Unzufriedenheit gewusst? Haben Sie mit ihm oft genug darüber geredet, ihn auch immer wieder darauf hingewiesen, dass Ihnen Liebe, Nähe, Wärme, Zuneigung, Zärtlichkeit usw. fehlen? Haben Sie durch solche Gespräche oft genug versucht, mit Ihrem Mann zusammen eine gute Partnerschaft zu gestalten oder ist Ihr Mann gar nicht an all diesen Dingen interessiert?

Andererseits:

Wissen Sie: oft, sehr oft sogar, erlebe ich Frauen mit der Haltung eines Kleinkindes, die besagt: „Na, der müsste doch wissen was ich denke, fühle, brauche und wie er mit mir umgehen muss!" Frauen die so denken sind naiv. Sie denken nicht daran, an ihrer Partnerschaft gemeinsam zu arbeiten und sie schieben ihren ganzen Frust dann auf ihren Mann.

Ich kann da nur mahnen und warnen, denn kein Mann ist der Hellseher der Gedanken und Gefühle seiner Frau. Ganz im Gegenteil… und wie Sie ja sagen, Ihr Mann ist sehr eifersüchtig. Ja, warum denn?

Männer sind oft so veranlagt, dass Sie überhaupt nicht spüren und ahnen, was in ihren Frauen vorgeht. Auch können Männer ihre Gefühle oft nicht richtig zum Ausdruck bringen. Nach außen zeigen sie diesen harten Panzer, diese harte Schale. Aber da wohnt oft ein ganz weicher verletzlicher Kern tief darin…

und hier beginnt diese oft unverstehbare Eifersucht, das Besitzen wollen, das nicht loslassen wollen oder können, die Angst davor, dass Sie eines Tages weg sein könnten usw.

Das Problem ist, wir Männer mussten als Kinder lernen „männlich" zu sein. „Ein Indianer kennt keinen Schmerz, führe Dich nicht so auf wie ein Mädchen, Buben weinen nicht", usw., das hat uns auch geprägt. Das hat uns in eine „männliche Welt" mit einem gewissen männlichen Ethos und Pathos gebracht, wo wir gelernt haben die Zähne zusammen zu beißen, zu funktionieren und für die Dinge des Lebens da zu sein… aber ja keine Gefühle zeigen. Wenn dann von uns Gefühle verlangt werden, dann gibt das oft Schwierigkeiten… und um das zu überwinden, dazu brauchen wir Männer liebevolle Frauen, die uns an ihre Hand nehmen und uns durch ihre Wunsch-Welt führen.

Sollten Sie also einen solch typischen Mann daheim haben, der seine Gefühle nur durch Eifersucht auszudrücken vermag, dann sollten Sie versuchen diesen Mann an die Hand zu nehmen und ihn durch die Welt Ihrer Wünsche, Vorstellungen und Sehnsüchte führen und sich nicht in eine Fantasiewelt mit anderen Männern flüchten. Das könnte Ihnen irgendwann als partnerschaftsfeindlich ausgelegt werden, wenn Sie innerlich wie ein Single neben Ihrem Mann leben… und da ist oft die Scheidung nicht sehr weit. Also, verstecken Sie sich und Ihre Wunsch-Fantasiewelt nicht mehr. Stehen Sie dazu und versuchen Sie mit Ihrem Mann offen zu reden."

Tischlein deck dich

Ein Märchen der Gebrüder Grimm

Es war einmal war ein Schneider, der drei Söhne und nur eine einzige Ziege hatte. Aber die Ziege, weil sie alle zusammen mit ihrer Milch ernährte, musste ihr gutes Futter haben und täglich hinaus auf die Weide geführt werden. Die Söhne taten das auch der Reihe nach. Einmal brachte sie der Älteste auf den Kirchhof, wo die schönsten Kräuter standen, ließ sie da fressen und herumspringen. Abends, als es Zeit war heimzugehen, fragte er: „Ziege, bist du satt?" Die Ziege antwortete: „Ich bin so satt, ich mag kein Blatt: Mäh! Mäh!"

„So komm nach Haus", sprach der Junge. Zu Hause fragte der alte Schneider: „Hat die Ziege ihr Futter bekommen?" „Ja, die ist so satt, sie mag kein Blatt." Der Vater aber, der seinem Sohn misstraute, wollte sich selbst überzeugen. Deshalb ging er hinab in den Stall, streichelte das liebe Tier und fragte: „Ziege, bist du auch satt?" ... und die Ziege antwortete: **„Wovon sollt ich satt sein? Ich sprang nur über Gräbelein und fand kein einzig Blättelein: Mäh! Mäh!"**

„Was muss ich hören!", rief der Schneider, lief hinauf und sprach zu dem Jungen: „Ei, du Lügner, sagst, die Ziege wäre satt, und hast sie hungern lassen?", und in seinem Zorn nahm er den Stock von der Wand und jagte ihn mit Schlägen hinaus. Und auch dem zweiten und dritten Sohn geschah es wie dem ersten. Die boshafte Ziege log, und da der Schneider ihr glaubte, schlug er mit dem Stock die Jungen zur Haustür hinaus. Der alte Schneider war nun mit seiner Ziege allein. Am andern Morgen ging er hinab in den Stall, liebkoste die Ziege und sprach: „Komm, mein liebes Tierlein, ich will dich selbst zur Weide führen." Am Abend fragte er: „Ziege, bist du satt?" Sie antwortete: **„Ich bin so satt, ich mag kein Blatt: Mäh! Mäh!"**

„So komm nach Hause", sagte der Schneider, führte sie in den Stall und band sie fest. Als er wegging, kehrte er noch einmal um und sagte: „Nun bist du doch einmal satt!" Aber die Ziege machte es ihm nicht besser und rief: **„Wie sollt ich satt sein? Ich sprang nur über Gräbelein und fand kein einzig Blättelein: Mäh! Mäh!"**

Als der Schneider das hörte, stutzte er und sah wohl, dass er seine drei Söhne ohne Ursache verstoßen hatte. Als er so ganz einsam in seinem Haus saß, verfiel er in große Traurigkeit und hätte seine Söhne gerne wiedergehabt, aber niemand wusste, wo sie hingewandert waren.

Der älteste war zu einem Schreiner in die Lehre gegangen, da lernte er fleißig. Als seine Lehrzeit herum war, schenkte ihm der Meister ein Tischchen, das gar kein besonderes Ansehen hatte, aber es hatte eine gute Eigenschaft. Wenn man es hinstellte und sprach: „Tischlein, deck dich", so war das gute Tischchen auf einmal mit einem sauberen Tüchlein bedeckt: Es stand dort ein Teller und es lagen Messer und Gabel daneben. Außerdem gab es Schüsseln mit Gekochtem und Gebratenem und ein großes Glas mit rotem Wein leuchtete, dass einem das Herz lachte. Der junge Geselle freute sich sehr und zog in die Welt hinaus. Endlich kam es ihm in den Sinn, dass er zu seinem Vater zurückkehren wollte, sein Zorn würde sich gelegt haben, und mit dem Tischleindeckdich würde er ihn gerne wieder aufnehmen.

Auf dem Heimweg kam er abends in ein Wirtshaus, das mit Gästen angefüllt war. Voller Stolz zeigte er ihnen sein besonderes Tischchen. Er stellte es mitten in die Stube und sprach: „Tischlein, deck dich." Augenblicklich war es mit Speisen gefüllt, so gut, wie sie der Wirt nicht hätte herbeischaffen können.

Der Wirt stand in einer Ecke. Er sah zu, lächelte und freute sich scheinbar mit dem Wanderburschen über sein schönes

Tischlein. In Wirklichkeit aber, war er voller Neid, Missgunst und Eifersucht: „Einen solchen Koch könntest du in deiner Wirtschaft gut brauchen."

(Hier klassische maskierte Eifersucht... davon gleich später)

In der Nacht, als alle schliefen, holte er ganz leise ein Tischchen herbei, das so aussah wie das Wünsch-Tischchen, und vertauschte sie. Am andern Morgen zahlte der Schreiner sein Schlafgeld, packte sein Tischchen auf, dachte gar nicht daran, dass er ein falsches hätte, und ging zu seinem Vater. Zu Hause empfing er ihn mit großer Freude. „Nun, mein lieber Sohn, was hast du gelernt?", sagte er zu ihm. „Vater, ich bin ein Schreiner geworden." „Ein gutes Handwerk", erwiderte der Alte, „aber was hast du von deiner Wanderschaft mitgebracht?" „Vater, das Beste, was ich mitgebracht habe, ist das Tischleindeckdich", antwortete der Sohn, „wenn ich es hinstelle, und sage ihm, es solle sich decken, so stehen gleich die schönsten Gerichte darauf." Doch als er es dem Vater vorführen wollte, regte sich das Tischchen nicht und blieb so leer wie ein anderer Tisch. Da merkte der arme Geselle, dass das Tischchen vertauscht worden war, und schämte sich, dass er wie ein Lügner dastand.

Der zweite Sohn war zu einem Müller gekommen und bei ihm in die Lehre gegangen. Als er seine Jahre herumhatte, sprach der Meister: „Weil du so fleißig und gut gearbeitet hast, so schenke ich dir einen Esel von einer besonderen Art, er zieht nicht am Wagen und trägt auch keine Säcke." „Wozu ist er denn nützlich?", fragte der junge Geselle. „Er speit Gold", antwortete der Müller, „wenn du ihn auf ein Tuch stellst und sprichst ‚Bricklebrit', so speit dir das gute Tier Goldstücke aus, hinten und vorn." „Das ist eine schöne Sache", sprach der Geselle, dankte dem Meister und zog in die Welt. Wenn er Gold nötig hatte, brauchte er nur zu seinem Esel „Bricklebrit" zu sagen, so regnete es Goldstücke, und er hatte weiter keine Mühe, als sie von der Erde aufzuheben. Bald dachte er: „Du musst deinen Vater aufsuchen, wenn du mit dem Goldesel kommst, so wird er seinen Zorn vergessen und dich gut aufnehmen."

Es trug sich zu, dass er in dasselbe Wirtshaus geriet, in welchem seinem Bruder das Tischchen vertauscht worden war. Er führte seinen Esel an der Hand und brachte ihn in den Stall. Dem Wirt kam es wunderlich vor, dass ein Gast seinen Esel selbst versorgen wollte. Als aber der Fremde in die Tasche griff, zwei Goldstücke herausholte und sagte, er sollte nur etwas Gutes für ihn einkaufen, so machte der Wirt große Augen, lief und suchte das Beste, das er auftreiben konnte.

Nach der Mahlzeit fragte der Gast, was er schuldig wäre, der Wirt wollte gut verdienen und sagte, noch ein paar Goldstücke müsste er zulegen. Der Geselle griff in die Tasche, aber sein Gold war eben zu Ende. „Wartet einen Augenblick, Herr Wirt", sprach er, „ich will nur gehen und Gold holen", nahm aber das Tischtuch mit. Der neugierige Wirt schlich ihm nach, und da der Gast die Stalltüre abschloss, so guckte er durch ein kleines Loch. Der Fremde breitete unter dem Esel das Tuch aus, rief „Bricklebrit", und augenblicklich fing das Tier an, Gold zu speien von hinten und vorn, dass es ordentlich auf die Erde herabregnete. **„Ei der tausend", sagte der neidische und eifersüchtige Wirt, „so wird man schnell reich!"**

In der Nacht schlich der Wirt herab in den Stall, führte den Goldesel weg und band einen anderen Esel an seine Stelle. Am nächsten Morgen zog der Geselle mit seinem Esel ab und meinte, er hätte seinen Goldesel. Mittags kam er bei seinem Vater an, der sich freute, als er ihn wiedersah. „Was ist aus dir geworden, mein Sohn?", fragte der Alte. „Ein Müller, lieber Vater", antwortete er. „Was hast du von deiner Wanderschaft mitgebracht?" „Weiter nichts als einen Esel." „Esel gibt es hier genug", sagte der Vater, „da wäre mir doch eine gute Ziege lieber gewesen." „Ja", antwortete der Sohn, „aber es ist kein normaler Esel, sondern ein Goldesel: Wenn ich ‚Bricklebrit' sage, so speit Euch das gute Tier ein ganzes Tuch voll Goldstücke." Doch als er sein Tuch ausbreitete und „Bricklebrit" rief, fielen keine Goldstücke herab, so dass der Sohn sich wie ein Lügner vorkam.

Der dritte Bruder war zu einem Drechsler in die Lehre gegangen. Seine Brüder meldeten ihm in einem Brief, wie schlimm es ihnen ergangen wäre, und wie sie der Wirt um ihre schönen Wünschdinge gebracht hätte. Als der Drechsler nun ausgelernt hatte, so schenkte ihm sein Meister, weil er so fleißig und gut gearbeitet hatte, einen Sack und sagte: „Es liegt ein Knüppel darin." „Den Sack kann ich umhängen, und er kann mir gute Dienste leisten, aber was soll der Knüppel darin? Der macht ihn nur schwer." Darauf antwortete der Meister: „Hat dir jemand etwas zuleide getan, so sprich nur: ‚Knüppel, aus dem Sack!' So springt dir der Knüppel heraus unter die Leute und tanzt ihnen so lustig auf dem Rücken herum, dass sie sich acht Tage lang nicht regen und bewegen können. Und er hört nicht eher auf, als bis du sagst: ‚Knüppel, in den Sack.'" Der Geselle dankte ihm und wanderte hinaus. Zur Abendzeit kam er in dem Wirtshaus an, wo seine Brüder betrogen worden waren. Er legte seinen Sack vor sich auf den Tisch und fing an zu erzählen, was er für einen Schatz hätte, den er sich erworben habe und mit sich in seinem Sack führe. **Der sofort neidische und eifersüchtige Wirt spitzte die Ohren: „Was in aller Welt mag das sein?", dachte er, „der Sack ist wohl mit lauter Edelsteinen gefüllt; den will ich mir auch noch holen."**

Als Schlafenszeit war, ging der Wirt in die Kammer des Drechslers, um den Sack zu stehlen. Der Drechsler aber hatte schon lange darauf gewartet und rief: „Knüppel, aus dem Sack." Sofort fuhr der Knüppel heraus, dem Wirt auf den Leib und schlug auf ihn ein. Der Wirt schrie und bat um Erbarmen. Da sprach der Drechsler: „Wenn du das Tischleindeckdich und den Goldesel nicht wieder herausgibst, so soll der Tanz von Neuem beginnen." „Ach nein", rief der Wirt ganz kleinlaut, „ich gebe alles gerne wieder heraus, lasst nur den verwünschten Kobold wieder in den Sack kriechen." Da sprach der Geselle: „Dir soll verziehen sein, aber richte nicht noch einmal Schaden an!" Dann rief er „Knüppel, in den Sack!".

Der Drechsler zog am andern Morgen mit dem Tischleindeckdich und dem Goldesel heim zu seinem Vater. Der Schneider freute sich, als er ihn wiedersah, und fragte auch ihn, was er in der Fremde gelernt hätte. „Lieber Vater", antwortete er, „ich bin ein Drechsler geworden." „Ein kunstreiches Handwerk", sagte der Vater, „was hast du von der Wanderschaft mitgebracht?" „Ein kostbares Stück, lieber Vater, einen Knüppel in dem Sack." Seht Ihr, mit diesem Knüppel habe ich das Tischleindeckdich und den Goldesel wieder herbeigeschafft, die der eifersüchtige und diebische Wirt meinen Brüdern abgenommen hatte. Jetzt lasst sie beide rufen."

Da legte der Drechsler ein Tuch auf den Boden der Stube, sagte „Bricklebrit", und augenblicklich sprangen die Goldstücke auf das Tuch herab, mehr als er tragen konnten. Dann holte der Drechsler das Tischchen und sagte: „Tischchen, deck dich" so war es gedeckt und mit den schönsten Schüsseln reichlich besetzt. Da wurde eine Mahlzeit gehalten, wie der gute Schneider noch keine in seinem Haus erlebt hatte, und alle waren lustig und vergnügt.

Teil 9

Maskierte
Eifersucht

Teil 9 - Maskierte Eifersucht

Maskiert?

Ja, das gibt es öfter, viel öfter als man glauben kann, denn nicht jeder strotzt vor Selbstwertgefühl, Selbstbewusstsein und Selbstvertrauen. Viele Menschen sind aufgrund ihrer vielen versteckten Ängste unsicher... und genau deshalb sind sie auch sehr eifersüchtig.

Diese haben aber gelernt ihre Ängste, Unsicherheit und Eifersucht nicht offen zu zeigen. Was aber nicht heißt, dass diese Emotionen nicht da sind... sondern dieser Mensch hat nur einfach aufgrund vieler negativer Erfahrungen gelernt, seine Gefühle nicht offen zu zeigen.

Aber das Problem ist:
Das man eben lauernde und / oder wühlende Emotionen nur schwer verstecken kann. Na ja...wenn also nicht offen, dann doch subtil, versteckt sozusagen, hinten herum, oft in Freundlichkeit ausgedrückt und in „Geschenkpapier" eingewickelt...

Unter maskierter Eifersucht versteht man also eine Form von Eifersucht, die nicht offen oder direkt zum Ausdruck kommt, sondern verdeckt oder hinter einer "Maske" versteckt wird.

Dies bedeutet, dass eine Person zwar eifersüchtige Gefühle hat, diese aber nicht auf die übliche, auffällige Weise zeigt. Stattdessen kann sie diese Emotionen durch subtile Verhaltensweisen oder durch andere Emotionen wie Wut, Sarkasmus oder

Gleichgültigkeit kaschieren. Maskierte Eifersucht tritt häufig in Beziehungen oder sozialen Kontexten auf, wenn jemand beispielsweise:

- **Aggressive Bemerkungen macht, so fein stichelt oder indirekt negative Kommentare äußert.**

-
- **Zunächst vermeidet, offen über seine Eifersucht zu sprechen, aber dennoch in bestimmten Situationen sichtlich verärgert oder enttäuscht reagiert.**

-
- **Negative Gefühle durch "Vorsicht" oder scheinbare Gleichgültigkeit maskiert, um nicht die Kontrolle zu verlieren oder Schwäche zu zeigen.**

Oft ist maskierte Eifersucht für Außenstehende schwer zu erkennen, da diese nicht direkt auf den ersten Blick sichtbar ist. Sie kann jedoch langfristig zu Missverständnissen und Spannungen in Beziehungen führen.

Diese Menschen verbergen ihre Gefühle häufig hinter schwer erkennbaren Verhaltensweisen. Es gibt jedoch einige typische Anzeichen, auf die man achten sollte:

Passiv - aggressives Verhalten

Menschen mit maskierter Eifersucht äußern oft passiv - aggressive Bemerkungen oder Verhaltensweisen. Sie kritisieren andere indirekt, ohne offen ihre Missgunst oder Eifersucht zu zeigen.

Versteckte Abwertung

Versteckt Eifersüchtige versuchen gern, die Person, auf die sie eifersüchtig sind, herabzusetzen, ohne dass es offensichtlich erscheint.

Gleichgültigkeit oder Übertreibung

Oft geben maskiert eifersüchtige Personen vor, völlig gleichgültig zu sein, obwohl sie tatsächlich verletzt oder neidisch sind. Sie könnten so tun, als ob sie nicht interessiert wären, was die andere Person tut oder erreicht, obwohl sie es in Wirklichkeit sehr wohl bemerken und sich davon betroffen fühlen.

Emotionaler Rückzug oder Kälte

Personen, die maskierte Eifersucht empfinden, könnten sich emotional zurückziehen oder eine kühle, abwehrende oder desinteressierte Haltung zeigen. Sie könnten in Situationen, in denen sie sich benachteiligt fühlen, aus dem Gespräch aussteigen oder sich absichtlich zurückziehen.

Übermäßige Freundlichkeit oder Geschenke als Kompensation

In einigen Fällen wird maskierte Eifersucht durch übertrieben freundliches oder großzügiges Verhalten überspielt. Eine Person könnte auf unerklärliche Weise freundlich oder großzügig erscheinen, um ihre wahren Gefühle zu verbergen.

Neid in Form von Ausflüchten

Statt ihre Eifersucht zuzugeben, gebrauchen maskiert eifersüchtige Menschen oft Ausreden, wenn jemand anderes etwas erreicht. Sie neigen dazu, den Erfolg der anderen Person zu relativieren.

Versteckte Freude an Misserfolgen der anderen

Versteckt Eifersüchtige können sich insgeheim über Misserfolge anderer freuen, aber dieses in einer Weise zeigen, die schwer zu erkennen ist. Oft zeigt sich dieses Verhalten als eine subtile

Erleichterung oder Zufriedenheit, wenn jemand Schwierigkeiten hat, aber sie verbergen es als „Mitgefühl" oder „Verständnis".

(Ach… das tut mir aber so leid…)

Wie geht man damit um?

Es hilft oft, das Gespräch auf eine offene, nicht konfrontative Weise zu suchen und denjenigen in einem sicheren Umfeld zu ermutigen, seine wahren Gefühle auszudrücken.

Das Problem bei maskierter Eifersucht liegt darin, dass sich diese Angst hinter vordergründig freundlich - positiven oder neutralen Verhaltensweisen verbergen kann, aber im Hintergrund….

„Ich habe Angst vor dominanten Frauen"

Praxisbeispiel:
Herr A. (56) fragt mich:

„Ich bin als Kind von meiner Mutter immer geschimpft und oft geschlagen worden. Das Drama wiederholt sich jetzt in meinem Leben.

Ich habe eine Frau, die war einmal ganz anders. Aber im Lauf der Zeit ist sie meiner Mutter sehr ähnlich geworden. Jetzt ist sie ein richtiger Zankteufel. Und sie ist plötzlich schrecklich eifersüchtig. Sie mag keine anderen Frauen in meiner Nähe.

Zu den anderen ist sie dann aber scheißfreundlich, danach jedoch schimpft und streitet sie mit mir herum und sie verdächtigt mich, ich hätte den anderen schöne Augen gemacht, ihnen zu viel Aufmerksamkeit gegeben, mich zu sehr mit der und der unterhalten oder mit der und der herumgeflirtet usw.

Wenn ich das aber abstreite, dann nimmt sie mir alles übel. Sie ist dann oft tagelang beleidigt, weil ich etwas gesagt oder getan haben soll, was ihr nicht passt, wovon ich aber gar nichts weiß... und sie verweigert wochenlang jeden körperlichen Kontakt.

Diese Eifersucht und dieses ständige Verdächtigen, macht mich ganz verrückt. Ich komme gegen diese Frau überhaupt nicht an. Oft denke ich mir, o.k. dann säufst du dir halt die Birne voll. Aber das gibt natürlich den nächsten Ärger. Dann sehe ich, das ist auch keine gute Lösung.

Ich habe gegen diesen eifersüchtigen Zankteufel einfach keine Chance!

Oft denke ich in der letzten Zeit über Scheidung nach, aber da sind die Kinder. Ich brauche dringend Ihren Rat. "

„Tja… was doch diese Ängste aus unserem Unterbewusstsein so mit uns treiben…

Das ist wirklich ein schwieriges Thema.

Es ist ja auch fast zum Verrücktwerden. Viele Menschen suchen sich geradezu instinktiv solche Partner/innen, wie den Elternteil, der mit uns als Kind am übelsten umgegangen ist. Gerade das scheint hier der Fall zu sein.

Sie hatten eine Mutter, die Sie oft geschlagen und angebrüllt hat, gegen die Sie sich nicht wehren konnten. Wie soll sich auch ein kleines Kind gegen solch eine aggressive Hysterikerin wehren können?

Brüllende und schlagende Mütter, Hysterikerinnen also, die ihre Gefühle nicht kontrollieren können, sind für kleine Kinder oft wie Ungeheuer. Sie erzeugen tiefsitzende Ängste im Seelenfundament eines Kindes.

Und da Sie aufgrund dieser kindlichen Erlebnisse ganz bestimmt viele Ängste in Ihrem Unterbewusstsein tragen, haben Sie sich geradezu automatisch eine starke Frau gesucht, die nun Ihrer Mutter und Ihrer Lebensart sehr ähnlich ist.

Ich denke mir:

Sie haben als Kind sehr unter dieser Mutter gelitten. Jetzt als erwachsener Mann, aber mit den vielen versteckten Ängsten in Ihrem Unterbewusstsein, in Ihrem „Inneren Kind", jetzt leiden Sie wieder „unter Ihrer Mutter", allerdings nun durch die Dominanz Ihrer Ehe-Frau. Und… Sie reagieren immer noch mit den Reaktionsmustern aus Ihrer Kindheit… Verrückt, nicht wahr!

Was Sie unbedingt brauchen ist Hilfe, auf jeden Fall therapeutische Hilfe.

Sie müssen durch Therapie die Angst Ihres „Inneren Kindes" vor dieser aggressiven dominanten Mutter kennenlernen und diese bearbeiten… sonst werden Sie sich immer gegenüber „starken

Frauen" wie die Maus vor der Klapperschlange, wie das kleine unterlegene Kind von damals fühlen.

Und nun zu der Eifersucht Ihrer Frau:

Sie sagten ja, Ihre Frau ist Ihrer Mutter immer ähnlicher geworden, eifersüchtig, streitsüchtig und aggressiv.

Aber warum denn?

Zu Beginn Ihrer Ehe war diese doch ganz anders. Wenn es also keinen Vorfall gab, wo Sie eventuell (so einmal schnell) mit einer anderen Frau ein Techtelmechtel hatten, so bleibt die Frage, wo kommt diese Eifersucht Ihrer Frau denn plötzlich her?

Wie Sie ja sagen, beobachtet Ihre Frau Sie sehr genau, wie Sie mit anderen Frauen umgehen.

Und wenn – was ich nun vermute – in Ihrer Frau versteckte Ängste lauern, Sie an eine andere Frau zu verlieren, klar, dann wird diese eifersüchtig und streitsüchtig… um Sie – das zeigt die Erfahrung - über diesen Weg dann wirklich endgültig zu verlieren.

Was aber erfahrungsgemäß Ihre Frau nicht einsehen wird, denn alle eifersüchtigen Menschen meinen immer:

„Der andere ist schuld, aber nicht ich selbst.

Das sei doch ganz normal, dass man sauer reagiere, wenn der/die andere…usw."

Wissen Sie , es gibt da einen alten Spruch:

Angst macht MACHT.

Das heißt, je mehr Ängste Ihre Frau hat und je stärker diese sind, welche unsichtbar in ihrem Unterbewusstsein toben, desto intensiver wird Ihre Frau diesen Angstkrieg gegen Sie führen und desto mehr werden Sie sich wehren müssen.

Nur, die Erfahrung zeigt:

Ihre Frau wird am Ende wegen ihrer Angstmacht, die immer stärker wird, je mehr Sie sich wehren, desto eher wird Ihre Frau Sie an eine andere Frau verlieren, eventuell in Zukunft sogar die Kinder."

Ich rate Ihnen hier nicht zu den klassischen Therapien, sondern zu **Hypnosetherapie.**

Ich rede hier aus meiner Praxiserfahrung.

Nur die Hypnosetherapie ist in der Lage, die unsichtbare Bibliothek unseres Unterbewusstseins, auch die unserer Kindheit zu öffnen.

Hier können Sie sich Begebenheiten aus Ihrer damaligen Kleinkindzeit und Ihrer brüllenden und schlagenden Mutter anschauen, sich endlich gegen diese starke Mutter wehren lernen und so Ihre Ängste beruhigen und stabilisieren.

Das Ziel ist, Ihre Mutter und die Ängste von damals zu neutralisieren und sich jetzt ein neues, angstfreies Selbstbewusstsein aufzubauen...

mit dem Sie sich dann gegen starke Frauen wehren können.

Nur:

Ob Sie allerdings dann, nach der und durch die Hypnosetherapie nun angstfreier und selbstbewusster geworden, noch weiterhin mit Ihrer hysterisch - eifersüchtigen Kampffrau zusammenleben wollen (die Sie so an Ihre Mutter erinnert), das bleibt für mich abzuwarten.

Teil 10

Eifersucht:

Gift
für jede
Partnerschaft

Teil 10 - Eifersucht, Gift für jede Partnerschaft

„Sie schimpft immer so herum"

Praxisbeispiel:
Herr T. (34) sitzt mir sehr nachdenklich gegenüber.

„Wissen Sie, meine Frau ist immer so unruhig und furchtbar eifersüchtig. Ich darf mich kaum mit anderen Frauen in ihrem Beisein unterhalten. Schon ist sie dabei, drängt mich weg und danach bekomme ich viele Vorwürfe, dass mir andere Frauen besser gefallen würden als sie. Daheim schimpft sehr schnell und sie schreit gern mit den Kindern herum," so erzählt mir Herr T.

„Ich möchte immer nichts dazu sagen, damit die Wogen nicht noch höher gehen. Doch neulich habe ich einmal laut geknurrt und seitdem ist sie schwer beleidigt, möchte von mir nicht angefasst werden und sie zickt nur noch so herum. Aber jetzt stellt sich mir die Frage, was ist da mit meiner Frau los? Ist sie hysterisch eifersüchtig oder ist sie vielleicht sogar krank? Wie sehen Sie das aus ihrer Erfahrung?"

Tja… „So wie Sie es darstellen, scheint mir Ihre Frau ein sehr dünnes Nervenkostüm zu haben, da sie oft unruhig, laut auch streit- und eifersüchtig ist. Ich möchte das aber jetzt nicht nur auf Ihre Frau beschränken, denn es gibt natürlich auch Männer, die so sind, aber bei Frauen erlebe ich das häufiger.

Unruhige Persönlichkeiten sind meist Menschen, die sehr intensiv mit Gefühlen umgehen. Auf der einen Seite sind sie sehr liebebedürftig, sehr schmusig, sehr kuschlig, sehr anlehnungsbedürftig, aber auf der anderen Seite, wenn sie sich ärgern oder das nicht bekommen was sie meinen, denken oder gern hätten, dann können diese sehr empfindlich reagieren.

Denn wenn es nicht nach ihren Vorstellungen, nach ihren Gedanken und ihrem Willen geht, dann könnte eine ganz andere Seite zum Vorschein kommen. Ist das Ganze noch mit einer Portion von feurigem Temperament gepaart, dann bekommen Sie jetzt einiges zu spüren. Das heißt, da wird dann geschimpft und gezankt, oft kann das dann sehr verletzend sein, manche von ihnen sind schnell und lange beleidigt.

Es könnte auch sein, dass das Ganze noch einen Schritt weiter geht.... nur dann kommen wir in einen psychologisch - krankhaften Bereich.

Es gibt da ein Gesetz:

Wichtig ist nicht, was ein Mensch hört, sieht usw., sondern wichtig ist, was er empfindet... und, welche inneren Vorstellungen er/sie sich in seinem Kopfkino dazu macht.

Und in diesen Empfindungen sind sehr oft viele „versteckte Ängste" eingeflochten.

Wenn nun diese unsichtbaren Ängste zu stark werden, dann kann das in Form von Sturmflut in den Gefühlen ausgelebt und zu einem seelischen Krankheitsbild werden, welches man therapeutisch behandelt sollte. So gesehen, kann ich das von Ihrer Frau natürlich nicht sagen. Auch ob Ihre Frau krank ist, kann ich nicht mit Ja oder Nein beantworten.

In der Psychologie werden Frauen mit so überschäumenden Gefühlen erst einmal nicht als Krankheitsbild gesehen, aber sehr wohl als ein Zeichen einer sehr lebendigen Seelenstruktur. Dass das bei manchen auch in Hysterie (ein Begriff, der gern von Männern missbraucht wird) überschlagen kann, das könnte sein.

Bitte sehen Sie Ihre Frau nun nicht als psychischen Problemfall an. Wahrscheinlich ist Ihre Frau auch ein Mensch mit vielen versteckten Ängsten, die immer alles gut machen möchte, die vielleicht mit diesem Perfektionismus auch völlig überfordert ist, die deshalb schon die Fliege an der Wand stört…weil ihr alles zu viel ist.

Und bei solchen temperamentvollen Frauen ist es ganz normal, dass diese auch temperamentvoll eifersüchtig sind, weil sie immer ahnen und mutmaßen und immer meinen, sie müssten ihren Mann vor anderen Frauen behüten und die anderen „wegbeißen". Sie müssen mit diesem „Quirl" leben. Und solange Sie mit ihr glücklich sind, die Frau nicht ungut, boshaft, zickig usw. ist…, ist doch alles gut. Vielleicht sollten Sie Ihre Frau öfter in den Arm nehmen, ihr helfen und öfter einmal mit ihr ausgehen… das hilft ganz oft." (ehe Sie an Scheidung denken).

„Sie fühlt sich immer gleich angegriffen"

Praxisbeispiel:

„Wissen Sie, meine Frau ist eine Glucke", erzählt mir Herr G. *„Die sitzt auf den Kindern und betüdelt diese den ganzen Tag. Seit Jahren sagt sie: „Macht das, macht das so, macht pünktlich eure Hausaufgaben, bitte, bitte, seid immer nett und freundlich, wenn ihr mit wem redet und die Serviette muss immer links liegen usw.*

Aber ich darf ja nichts dagegen sagen, dann schaut sie mich sofort böse an. Ich erlebe unsere Kinder nun ängstlich. Diese sind oft krank und haben überall enorme Probleme.

Ich habe schon einige Male versucht mit ihr darüber zu reden. Aber dann faucht sie mich gleich an, ist tagelang beleidigt und sie möchte wochenlang nicht von mir angerührt werden.

Sie meint dann, ich sei ja den ganzen Tag in der Arbeit, ich sehe gar nicht, was sie den ganzen Tag für die Familie und für die Kinder alles tut, außerdem verstehe ich nichts von Kindern.

... na ja... und in dieser Situation habe ich nun eine andere Frau kennen gelernt und mich in diese verliebt, die viel offener, lebendiger und freier ist... und meine Frau hat das natürlich herausgekriegt.

Nun ist sie rasend eifersüchtig und beschimpft mich ständig ein Lügner, Betrüger und Fremdgeher zu sein und sie bekommt oder sie inszeniert nun vor den Kindern heftige Wut-, Schrei- und Weinanfälle und Schuldzuweisungen an mich.

Vor einigen Tagen war sie so wütend, dass sie mich anschrie, ich sei ein beschissenes Arschloch und ich solle doch endlich zu meiner Schlampe ziehen.

Also, da hört sich doch so langsam alles auf, oder?

Was meinen Sie dazu?".

Tja…. Das ist schon stark. Einige Gedanken von mir dazu:

Jede Mutter wird für sich in Anspruch nehmen, sie meine es mit ihren Kindern nur gut und sie will doch für alle nur das Beste. Gleichzeitig übersehen solche Glucke-Mütter, dass sie mit dem „Ich will doch nur das Beste", ihr Kind völlig unselbstständig werden lässt. Das heißt, die Kinder können sich nicht bewegen, wie sie es wollen, sie können sich nicht entwickeln, wie sie wollen.

Diese entwickeln durch das Überbehüten auch kaum Eigenmotivation, sondern sie müssen immer mit großen Ohren hinhören, was Mama meint, denkt, möchte… und nur so ist es recht und gut. Weil wenn ich das so oder so machen würde, dann kommt mit Sicherheit Mama daher und sie weiß es immer besser, oder reglementiert sofort und sagt: „Mach das doch so oder so oder anders."

Die Frage ist:

Warum sind solche Glucke-Mütter so und wo kommt das her? Man müsste nun ganz tief in das Seelenfundament Ihrer Frau hineinschauen können, als sie selbst Kind war.

Hier werden wir mit Sicherheit finden, dass auch sie eine sehr ähnliche Mutter oder Vater hatte, die/der auch sie als kleines Kind sehr ähnlich erzogen haben. Und was steckt hinter einem solchen Verhalten, einer solchen Glucke-Mutter?

Angst!

Das sind ganz typische Angststeuermechanismen:

Angst etwas falsch zu machen, Angst zu versagen, Angst nicht anerkannt zu werden, Angst, das man über sie als Mutter schlecht reden könnte, Angst, das sie irgendetwas versäumt hat, Angst, das man ihr nachsagen könnte, sie wäre eine schlechte Mutter, Angst, nachgesagt zu bekommen, sie hätte was getan, was für ihre Kinder schlecht ist, usw.

Diese Summe an Ängsten treibt diese Mutter permanent dazu, dass sie immer die Kinder beobachtet, ständig hinter ihnen her ist, reglementiert und ihre Angstbotschaften sendet, wie: „Pass auf, mach das, mach das ja nicht usw.", und den Kindern wird jede Eigeninitiative und die Luft zum Leben weggenommen.

Je nach Temperament werden diese Kinder irgendwann einmal sich entweder mit Aggressivität gegen diese bevormundende Erziehung der Mutter wehren, oder sie werden - (dem Angstprogramm dieser Glucke-Mutter folgend) - selbst die Flügel hängen lassen, keine eigene Aktivität entwickeln und nun wie die Mutter, selbst ängstlich - depressiv werden.

Was Sie als Vater machen sollten ist, mit Ihrer Frau darüber reden und ihr zeigen, dass man so Kinder nicht erziehen sollte, auch wenn sie es noch so gut meint.

Wenn Sie keine Chance haben, mit Ihrer Frau darüber zu reden, was ja sehr häufig der Fall ist, (denn angstgesteuerte Menschen fühlen sich schnell angegriffen und haben starke Abwehrmauern), dann sollten Sie versuchen mit Ihrer Frau mal in eine gute Familientherapie zu gehen, in eine Elternberatung oder in eine Eltern – Kind - Beratung.

Tja… und nun zu Ihrer neuen Beziehung:

Ja, das höre ich oft und es entlastet wohl auch erst einmal die Gefühle, eine neue Liebe zu einer neuen Frau, jemand der mir zuhört, etwas neues Williges und Lebendiges im Bett usw. Klar ist das für Ihre sehr (angstbesetzte) und deshalb sehr fürsorgliche Frau schwer zu ertragen.

Die Folgen von alledem sind nun: Weil Sie sich als Ehemann aus dem Lebenssystem Ihrer Frau zurückgezogen und mit einer anderen Frau ein Verhältnis begonnen haben, deshalb ist Ihre Frau nun fuchsteufelswild und eifersüchtig, denn der „Zerstörer" ihrer Familie sind nun eindeutig Sie. Ich denke, Sie MÜSSEN, Sie müssen!!! sich ganz schnell und eindeutig entscheiden… zurück in die eigene Familie…mit allen Konsequenzen…

Oder ausziehen und mit der neuen Partnerin ein neues Leben aufbauen, sofern diese das überhaupt möchte und durchhält. Denn erfahrungsgemäß wird das in Ihrer Zukunft noch viele Probleme mit Ihrer jetzigen Ehefrau geben, die ein neues Leben mit einer neuen Frau an Ihrer Seite wohl kaum akzeptieren wird.

Und ob die neue Partnerin Sie unter diesen Bedingungen dann noch haben möchte, mit einer eifersüchtigen

„Kampfehefrau" in ihrem Rücken, die Ihnen selbst und Eurer neuen Beziehung eifersüchtig alle Schwierigkeiten der Welt machen wird, dazu die Kinder, welche erfahrungsgemäß oft zum Zankapfel werden, das wäre abzuwarten.

Das sollten Sie sich sehr gut überlegen.

Klar wäre es gut, wenn Ihre Frau selbst in eine Therapie gehen würde und ihr „eigenes angstbesetztes Inneres Kind" aus ihrer eigenen Kindheit kennenlernen und bearbeiten könnte, dann könnte sie nämlich ihre eigenen Kinder besser loslassen...Und vielleicht könnte diese durch die Therapie auch lernen, warum Sie mit einer anderen Frau ein Verhältnis begonnen haben und was Ihre Frau dazu beigetragen hat...

Das ist alles sehr problematisch, denn es ist immer besser und einfacher sich nun gegenseitig zum Lügner und Betrüger abzustempeln, als einmal bei sich selbst anzufangen. Denn ich, ich bin ja sauber!... Tja...So ist nun einmal das Spiel.

Aber das Spiel geht noch weiter...

Aber: Ihre Kinder brauchen den Vater

Tja... und wenn möglich ganz schnell, denn wie geht es jetzt Ihren Kindern in dieser Situation, wenn der Vater nicht mehr da ist und die Kinder nun ihre Mutter so wütend und traurig über ihren Vater (den diese doch auch lieben) so schimpfen und schreien hören?

ie MÜSSEN, Sie müssen!!! sich ganz schnell und eindeutig entscheiden... zurück in die eigene Familie...mit allen Konsequenzen... Oder ausziehen und mit der neuen Partnerin ein neues Leben aufbauen, sofern diese das überhaupt möchte und durchhält.

Aber Ihre Kinder dürfen nicht darunter leiden.

Teil 11

Dreiecksverhältnis
und
Schuldgefühle

Teil 11- Dreiecksverhältnis und Schuldgefühle

Ich habe im Lauf der Jahre in den Therapien Männer und Frauen erlebt, welche mir erzählten, dass sie schon lange verheiratet wären und dass diese durch die plötzliche Anziehung zu einer anderen Frau, zu einem anderen Mann, in ein Dreiecksverhältnis hineingeraten wären, das in ihrer Seele Freude, aber auch Leid und schlechtes Gewissen gegenüber dem Ehepartner/in ausgelöst hätte.

„Oft zerreißt mich dieses Thema geradezu," erzählte mir vor kurzem Fr. X, denn ein Dreiecksverhältnis bedeutet ja, dass es zwei Partner gibt:

Eine andere Frau erzählte mir dazu:

Ihr Mann rühre sie seit vier Jahren überhaupt nicht mehr an, schlafe nicht mit ihr, fasse sie nicht um, es gebe kein liebes Wort, kein Bussi mehr.

Sie sagte:

„Deswegen habe ich seit zwei Jahren einen anderen Mann mit dem ich mich hie und da treffe, bei dem passt eben alles und da läuft alles gut. Auch die Zärtlichkeiten sind entsprechend schön… Aber ich lebe in diesem Konflikt zwischen den zwei Männern, das zerreißt mich oft."

Ein schlimmer Konflikt!

„Auf der einen Seite mag ich meinen Mann noch, auf der anderen Seite liebe ich den anderen Mann, irgendwie weiß ich nicht, wie ich da rauskommen soll. Der eine, den ich einmal sehr geliebt

habe und zu dem ich einmal „Ja" gesagt habe), dem fühle ich mich heute irgendwie verpflichtet: (Ehe, Kinder, Haus, Schulden usw.).

Der andere aber, den liebe ich und alle meine Gefühle ziehen mich zu ihm hin."

Und da man diese außereheliche Beziehung ja nicht offen leben könne, müsse man seinen Ehepartner/in nun oft belügen, betrügen, sich verstecken, oft an einen anderen Ort fahren um sich dort ein Zimmer zu mieten usw., was in ihrer Seele oft einige Stunden Freude und Lust auslösen würde und danach tagelange Schuldgefühle und Gefühlskonflikte… so erzählt Fr. X.

Die wichtige Frage nach dem Warum?

„Warum begegnet der/die andere mir erst jetzt? Warum sind meine Gefühle für ihn/sie so stark? Warum kann ich, möchte ich mich davon nicht lösen?

Ich sehe doch, wie meine Ehe darunter leidet, wie eifersüchtig und misstrauisch mein Mann/Frau daheim schon ist.

Klar: Ich schäme mich auch all meiner Lügen und Betrügereien… aber all meine Gefühle sehnen sich nach dem /der anderen. Ich möchte ihn/sie im Arm haben, ihn/sie küssen, mit ihm/ihr schlafen, verreisen, zusammen sein…

Aber ich habe große Angst… und meine Gefühle, dieser Konflikt zerreißt mich geradezu… und ich kann, will von dem/der anderen nicht lassen, weil sich alles in mir danach sehnt und nach ihm/ihr schreit…. und doch weiß ich, dass ist alles nicht richtig, dass sollte und dürfte nicht so sein, denn ich bin ja verheiratet, habe zu meinem Ehepartner/in einmal „Ja" gesagt.

Und nun bin ich ein Fremdgänger/in, ein Ehezerstörer und bin geplagt von Seelenpein, Sünde, Schuldgefühlen, aber auch von großer Sehnsucht nach dem/der anderen."

Ich möchte hier einmal einfügen, (ohne jetzt ein neues Kapitel eröffnen zu wollen), dass ich im Lauf der Jahre auch einige Geistliche in meiner Praxis erlebt habe, die genau in diesem Konflikt standen, zwischen einer Frau, die sie sehr liebten und ihrem Zölibat. Das aber nur nebenher. Wenn irgendwann einmal das Fremdgehen offenbar wird, dann endet das meist in Unverständnis bei dem betrogenen Partner/in, in tiefen emotionalen Verletzungen wegen des Vertrauensbruchs... und in schlimmen Ängsten, wie das nun weitergehen soll....

Oft in tobender Eifersucht, Wut, Abgrenzungen, Streit, Trennungen und oft aufgrund der emotionalen Verletzungen endet das alles in Hass und in entwürdigenden Scheidungen... in welche dann auch die Kinder mit hineingezogen werden... und frustriertem Alleinsein.

Und kommen dann irgendwann einmal die Gefühle zur Ruhe, dann kommt man wieder bei der Frage an: „Warum?" Wenn man nicht gleich in eine neue Beziehung übergeht (flüchtet)... um bald festzustellen, dass meine FREMDGEH-Liebe nicht unbedingt ein guter neuer zweiter Lebenspartner ist.

Also was ist – was war da los?

Wie sagte ich zu Beginn:
„Nichts ist unberechenbarer als die Angst in unseren Gefühlen, wenn ihre Bedürfnisse nicht erkannt und nicht mehr gestillt werden..."

Dann brauchen wir eben eine andere „Amme", bei der/dem wir uns stillen können... und das gilt für Männer und Frauen gleichermaßen.

Die Frage sollte also immer lauten:

"Was fehlt mir in meiner Familie, bei / von meinem Mann / meiner Frau?"

Das mir ein anderer Mann / eine andere Frau plötzlich so gut tut, ich mit ihm/ihr (insbesondere sexuell) zusammen sein möchte?

"Was ist also mit mir, mit meiner Ehe los, dass plötzlich ein anderer / andere solche starken (fast vergessenen) Gefühle in mir auslösen kann?".

Das sind wichtige Fragen, die jetzt gestellt werden MÜSSEN, denn die Gefühle für einen anderen Partner zeigen ja, dass hier etwas nicht stimmt... sonst wären dieser/diese ja nicht da. Wenn jetzt nicht die Notbremse gezogen wird, eventuell Trennung vom außerehelichen Partner / in, Karten ganz ehrlich auf den Tisch legen, vielleicht eine Familientherapie - um herauszufinden was mir oder der Ehe fehlt - usw... dann kann das oft **jahrelangen Partner - Krieg und Leid ergeben, eifersüchtige Quälereien, psychosomatische Erkrankungen** oder - wie schon gesagt - die Scheidung aus Wut über den sogenannten Vertrauensbruch... mit all dem, was Scheidungen so nach sich ziehen.

Man sollte also gut auf seine Gefühle hören, immer darauf aufpassen **und echt und wahrhaftig in seinen Gefühlen sein** -

auch auf die Gefahr hin, dass der Partner/in das weder hören möchte noch verträgt, denn wie gesagt:

> *"Nichts ist unberechenbarer als die Angst in*
>
> *unseren Gefühlen,*
>
> *wenn ihre Bedürfnisse nicht erkannt*
>
> *und nicht gestillt werden..."*

„Ich habe mich in einen anderen Mann verliebt"

Praxisbeispiel: Frau D. erzählt:

„ Vor einiger Zeit habe ich einen Mann kennen gelernt, zu dem ich mich sehr hingezogen fühle, ohne dass er es weiß. Aber nun habe ich ein schlechtes Gewissen gegenüber meinem Mann und den Kindern. Trotzdem geht mir der andere Mann nicht aus dem Kopf. Ich träume oft von ihm, träume, dass ich mit ihm zusammen bin und ich habe intensive sexuell sehr lustvolle Träume mit ihm. Muss ich mich nun schuldig fühlen?

Was kann da mit mir los sein? ".

Tja, mal meine Gedanken dazu:

„Es passiert doch oft, dass wir einem Menschen begegnen, der etwas in uns zum Klingen bringt. Das muss überhaupt nicht sexueller Natur sein, sondern da ist erst einmal ein Mensch, der hat eine starke Schwingung, d.h. Anziehungskraft für mich, da fühle ich mich wohl, fühle mich angenommen und geborgen. Das ist wie heimkommen.

Klar, gibt es auch das Andere, dass mir ein Mensch begegnet, da schlägt einfach der Blitz ein. Plötzlich ist in mir das Gefühl ganz starker Sehnsucht und Liebe da. Wenn mir das aber passiert, insbesondere wenn ich verheiratet bin und auch noch Kinder habe, dann ist das sehr irritierend und da wachsen schnell Schuldgefühle.

Trotzdem, wenn es in diesem Moment „der/die Richtige" ist, wenn also das Herz plötzlich spricht, dann darf man das nicht „überhören" oder aus Schuldgefühlen (früher Sünde) nicht auf die Seite schieben.

Esoteriker würden sagen: das kann ganz tiefe Hintergründe haben, die ganz weit in anderen Leben zurückliegen, dass sich hier und heute Seelen wieder treffen, die sich schon aus vorherigen Leben kennen, aus Zeiten, an die sich mein Kopf absolut nicht erinnern kann.

Wie löst man dieses Problem?

Ich kann Ihnen das auch nicht sagen: Sie mögen diesen anderen Mann, der für Sie etwas hat, was Sie sehr schön finden, was Sie anzieht und was Sie vielleicht auch brauchen können. Plötzlich lebt diese Schwingung in Ihnen. Wir treffen uns immer auf der Ebene von Energien, insbesondere, wenn der Andere in mir etwas zum Klingen bringt, was mir schon lange oder schon immer fehlt.

Die Frage sollte also sein, was fehlt mir eigentlich?

Was fehlt mir in meiner eigenen Familie oder noch mehr bei/von meinem eigenen Mann, dass mir ein anderer Mann plötzlich so guttut, ich von ihm träume, mit ihm zusammen sein möchte? Was also ist in mir und mit meiner Ehe los, dass plötzlich ein anderer Mann solche Revolution in meinen Gefühlen auslösen kann? Denn bei meinem eigenen Mann, wo ich einmal „Ja" gesagt habe, sogar „Bis dass der Tod Euch scheidet", da ist/sind solche Gefühle nicht (oder nicht mehr) da.

Das sind wichtige Fragen, die jetzt gestellt werden müssen, denn Ihre Gefühle für den anderen Mann zeigen Ihnen ja ganz klar, dass hier etwas nicht stimmt… sonst wären diese (auch Lust-Gefühle) ja nicht plötzlich da. Wissen Sie, wir Menschen sind nach 10/20 Jahren Ehe nicht mehr die gleichen, die wir einmal am Traualtar waren. Wir werden nicht nur älter, sondern wir verändern uns auch, wir entwickeln uns weiter. Wir verändern auch unsere Ansichten, Einstellungen, Empfindlichkeiten und… unsere Gefühle.

In den Therapien erlebe ich es oft, dass Ehen schon lange zu Ende sind, ohne dass die Patienten/innen das bisher gemerkt hätten, oder es sich eingestehen wollten. Vielleicht ist (auch aufgrund Ihrer beider Veränderungen), Ihr Mann schon lange nicht mehr der Partner, von dem Sie einmal geträumt haben… Und nun schlägt Ihr Herz plötzlich für einen anderen.

Wissen Sie:

Niemand geht (in seinen Träumen und mit seinen Gefühlen) fremd, nur weil Fremdgehen so schön ist.

Sondern hier geht es wieder nach dem Prinzip der Bedürfnisse. Also: Was fehlt mir, was fehlt mir in meiner Ehe, was fehlt mir bei meinem Mann? Welche Bedürfnisse werden da nicht mehr oder wurden noch nie befriedigt? Welche Schwingungen hat mein Mann, die mir eigentlich nicht (mehr) gut tun, oder noch nie gut getan haben, ohne dass ich das bisher bemerkt habe (oder was mich schon lange stört, mir auf die Nerven geht usw.)? Oder haben wir uns im Lauf der Ehejahre ganz einfach voneinander wegentwickelt, sodass wir es nicht mehr miteinander können?

Oft, im Lauf der Ehejahre, lebt man so miteinander, nebeneinander her, erfüllt die Pflichten, Arbeit, Haus, Garten, Kinder, Ehe…. Und es entsteht unbemerkt ein geschmackloser „Eintopf" und das Tal zwischen beiden Partnern wird unbemerkt immer größer. Aber Ihre Seele bemerkt dieses Abstumpfen Ihrer Gefühle sehr wohl.

Wenn in einer solchen Phase ein anderer / andere kommt, weil dieser/diese Ihnen „von oben" wie ein „rettender Engel" geschickt wird, um Ihnen die Augen zu öffnen und Sie endlich aus diesem Leid, aus diesem alten Eintopf zu erlösen, dann entflammen plötzlich Gefühle, auch sexuelle Sehnsüchte, die schon lange vergessen schienen. Und Sie fragen sich, was ist da plötzlich los mit mir?

Einen Rat kann und will ich hier nicht geben. Ich bin da sehr vorsichtig, denn aus so einer Geschichte kann sehr schnell ein problematisches Dreiecksverhältnis werden oder Abgrenzung, Trennung, Scheidung.

Ich denke mein Rat könnte sein, prüfen Sie, was Ihnen in Ihrer eigenen Familie, in der Beziehung zu Ihrem Mann fehlt, jetzt, früher oder schon immer, wo Sie sich auseinander gelebt haben... und reden Sie mit Ihrem Mann ganz offen und ehrlich darüber. Ihre Seele und diese neue Liebe zu diesem anderen Mann, öffnen Ihnen ja gerade jetzt Ihr Herz und die Augen. Das wird Ihnen die Kraft geben eine weise Entscheidung zu treffen.

Zwei Wochen später:

Eifersucht: *„Bei uns ist plötzlich der Teufel los"*

„Ich habe lange überlegt, gezögert, war verunsichert, hatte fürchterliche Angst... aber Ihre Worte waren so eindringlich, dass ich das mit meinen sexuellen Träumen mit einem anderen Mann meinem Ehemann einfach sagen musste. Und nun ist bei uns daheim der Teufel los. Der ist plötzlich so was von eifersüchtig, ist misstrauisch, spioniert mir nach, beschuldigt mich fremd zu gehen, ihn nicht mehr zu lieben, beschimpft mich eine Hure zu sein, die mit all und jedem herumvögelt... Während er immer brav in die Arbeit geht, für uns ein Haus baut und für unseren guten Lebensstandard das Geld heimbringt, während ich bei anderen Männern die Beine breit mache.

Ich habe versucht ihm viel zu erklären, auch dass meine sexuellen Träume etwas mit ihm zu tun haben. Aber er hört mir überhaupt nicht mehr zu und lehnt jede Erklärung ab. Ich sehe, dieser Mann gibt sich keine Mühe mir nun einmal zuzuhören oder mich ein bisschen zu verstehen. Er beschimpft mich ständig auf das übelste und er hat mir nun gesagt, er möchte ausziehen. Irgendwie habe ich schwere Schuldgefühle, aber andererseits bin ich froh, wenn ich ihn – so eifersüchtig herumtobend – (wenigstens im Moment) nicht mehr sehen muss."

Fremdgehen und Ersatzpartner

Praxisbeispiel:

Frau S. fragt mich:

„Ich habe gestern eine Fernsehsendung gesehen, da hat ein Astrologe gesagt, das Fremdgehen soll man heute nicht mehr so eng sehen, weil sich ja die Zeiten geändert haben und wir heute ganz anders denken als früher.
Sehen Sie das auch so?"

Ich fragte Frau S. warum ihr dieses Thema so wichtig wäre?

„Na ja," meinte sie, *„sie hätte da schon ein- oder zweimal eine Liaison gehabt, aber ihr Ehemann sei derart eifersüchtig und sei damals vor lauter Eifersucht völlig durchgedreht und er habe ihr Tod und Teufel angedroht, wenn sich das noch einmal wiederholen sollte. Aber nun habe sie da wieder einen netten Mann kennen gelernt, ihre Gefühle würden verrücktspielen und sie wisse nicht recht, wie sie reagieren soll."*

„Tja… ich weiß, dass diese Gedanken heutzutage bei so manchen bestehen, dass immer weniger Hemmungen zum Fremdgehen da sind, das sogar gesagt wird, wir brauchen in unserem Leben drei oder vier Partner, Begleitpartner, Ersatzpartner, oder Ausgleichpartner… Und so hat sich das ja bisher Frau S. auch gedacht.
Ich sehe das eher kritisch. Ich denke, eine Partnerschaft ist etwas, welche getragen sein sollte von Vertrauen, auch – oder insbesondere – in dem sensiblen Bereich der Sexualität. Wenn einmal so etwas passiert wie Fremdgehen, dann sollte das unbedingt in einer Paartherapie bearbeitet werden. Und wichtig:

Beide Partner müssen sich die Frage stellen, warum?

Warum ist das, warum konnte das passieren?
Ich sage immer dazu:

„Niemand geht fremd, nur weil Fremdgehen so schön ist."

Sondern es wird in Beziehungen fremdgegangen, weil Bedürfnisse da sind, die in dieser Beziehung nicht oder nicht mehr befriedigt werden. Das Drama ist oft, dass beide Partner nicht oder viel zu wenig über ihre Bedürfnisse reden (oder diese gar nicht bemerken), es so oft Vorurteile, Missverständnisse und versteckte Unzufriedenheit gibt. Und dann wird eben fremd-gegangen, um sich bei einem oder einer anderen das zu holen, was mir in meiner Partnerschaft/Ehe fehlt.

Aber, ich weiß aus den Psychotherapien:
Fremdgehen wird in der Regel als ein tiefer Vertrauens- und emotionaler Bruch zum Partner/in empfunden. Deshalb ist bei vielen das Fremdgehen - früher oder später - der Grund für Spannungen, Zerwürfnisse und/oder Scheidungen. Kein Wunder, dass Herr S. nun so eifersüchtig reagiert hat. Da ich viele Paare schon mit solchen „fremdgeh-Problemen" erlebt habe, ist mir das viel zu einfach, was hier so astrologisch gesehen oder geredet wird, ganz gleich wie die Sterne stehen mögen.

Fazit:
Ein Vertrauensbruch ist Fremdgehen immer!

Auch wenn da starke seelische oder körperliche Bedürfnisse da sein sollten. O.K. dann sollte man dem Partner/in aber reinen Wein einschenken und die Konsequenzen ziehen.

Dann braucht man auch nicht mehr zu lügen und zu betrügen und man kann mit dem/der anderen ganz offiziell seine Gefühle austoben... so lange der/die andere das dann überhaupt noch möchte.

Ach übrigens, da fällt mir als Abschluss zu diesem Thema noch das 9. der 10 Gebote ein, das besagt:
„Du sollst nicht begehren Deines nächsten Weibes (gleichermaßen Mannes)." Warum mag Gott das wohl schon vor 6000 Jahren in SEINEN 10 Geboten festgeschrieben haben?".

„Meine Frau belügt und betrügt mich"

Praxisbeispiel:

„Vor einigen Tagen bin ich dahintergekommen, dass meine Frau (38) seit zwei Jahren ein Verhältnis mit einem anderen Mann hat. Ich habe schon immer so etwas geahnt, habe gebohrt, sie beobachtet, aber sie meinte immer dazu, ich sehe Gespenster und ich spinne. usw. Sie hat immer alles abgestritten und sie meinte immer, ich sei geradezu krankhaft eifersüchtig. Weil mir das keine Ruhe gelassen hat, bräuchte ich wohl einmal einen Psychiater. Deshalb gab es deshalb viele Auseinandersetzungen.

Wie der Zufall oft so spielt, habe ich sie einmal mit einem anderen Mann im Auto gesehen und als ich danach nach Hause kam, habe ich lautes Stöhnen von oben gehört, bin leise hinaufgeschlichen und ich habe die beiden in unserem Schlafzimmer nackend im Bett beim heftigen Geschlechtsverkehr erwischt.

Im ersten Moment hätte ich die beiden erschlagen können, insbesondere als meine Frau nackend aus dem Bett aufgestanden ist, diese mir mit provozierend erhobenem Kopf trotzig in die Augen geschaut hat und nackend an mir vorbei ins Bad zum Anziehen gegangen ist... während sie ein paar Minuten vorher noch heftig und lautstark mit dem anderen Mann gevögelt hat.

Sie hat auch sofort alles zugegeben und sie hat mir gesagt, sie fände mich und meine ständige Eifersucht zum Kotzen und sie möchte sich sofort von mir trennen und zu dem anderen Mann ziehen. Da gab es keine Erklärung, keine Entschuldigung, keine Aussprache, nichts ... und weg war sie.

Nun ist in mir alles zusammengebrochen. Jetzt stehe ich da, frage mich: was ist mit den Kindern, mit dem Haus, mit den Schulden usw. Ich weiß jetzt überhaupt nicht was ich tun soll. Was kann ich denn überhaupt tun?".

Tja… Erst einmal tief atmen, Ruhe und ein paar grundsätzliche Gedanken dazu:

Ich finde das Verhalten von Ihrer Frau schon dreist, frech und provokant. Aber sie hat sicher gewusst, dass sie genau das mit Ihnen machen kann.

Klar, wenn Ihre Frau nun die Scheidung möchte, dann sind Sie in einer sehr ohnmächtigen Situation. Aber haben Sie sich schon einmal gefragt, warum Ihre Frau zwei Jahre hinter Ihrem Rücken ein Verhältnis gehabt hat?

Klar, da gehört Selbstehrlichkeit dazu. Oft höre ich in ähnlichen Fällen, dass das nichts mit „Lust" zu tun hat.

Viele Frauen fühlen sich vernachlässigt. Sie sind oft innerlich einsam. Sie fühlen sich unverstanden. Sie sehnen sich nach jemanden, der sie versteht und ihnen zuhört. Könnte es sein, dass Ihrer Frau einiges davon gefehlt hat?

Auch wenn Ihre Frau jetzt auf Scheidung drängt, so muss noch lang nicht alles zu spät sein. Es wäre ja auch möglich, dass das Verhältnis, das Ihre Frau jetzt hat, eine Art Verzweiflungsschlag war. Sie hat etwas gesucht, das sie in ihrer Ehe nicht (oder nicht mehr) gefunden hat. Denken Sie einmal darüber nach.

Natürlich:
Ein Verhältnis mit einem anderen Mann oder zu einer anderen Frau, das ist ein massiver Vertrauensbruch und der kann eine Beziehung schon kräftig durcheinanderschütteln.
Aber das kann auch Steine ins Rollen bringen, auf dem Weg zu einem neuen Verständnis füreinander. Das kann auch eine Chance für einen Neubeginn bedeuten, eine neue Möglichkeit für ein gemeinsames, hoffentlich glücklicheres Leben.

Es ist immer die Frage, ob Sie das beide wollen und was Sie beide daraus machen. Ich denke, dass Familie und Partnerschaft, wenn noch gegenseitige Liebe vorhanden ist, viel zu viel Wert sind, um diese einfach so aufzugeben. Vielleicht würde Ihre Frau sogar eine Familientherapie mit Ihnen machen. Denn wenn Paare zu mir in die Familientherapie kommen, da hat sich oft einiges geklärt.
Die beiden haben sich besser kennengelernt oder oft sogar jetzt erst kennen gelernt. Sie haben aufgehört mit dem Versteckspiel voreinander... und sie haben sich wieder verstanden.

Sollte sich allerdings Ihre Frau innerlich schon so weit von Ihnen entfernt haben, dass sie diese Ehe für beendet hält, dann sollten Sie – schon wegen der Kinder - alles daransetzen, dass die Tren-nung ruhig und verletzungsfrei vollzogen wird.

(Zum Beispiel: Sie nehmen sich beide nur einen Rechtsanwalt und sie vermeiden jede Form von „Schmutzbriefen" mit gegenseitigen Beschimpfungen und Anklagen usw.).

Wissen Sie, niemand kann das Leben vorausschauen. Für mich ist ein Auftrennen einer Familie, d.h. eine Scheidung, immer ein Drama... unter der fast immer die Kinder schwer leiden.
Deshalb ist mir wichtig, dass:

- **die Kinder diesen Prozess der Trennung so verletzungsfrei als möglich erleben**

- **sie zu Mama und Papa weiterhin ein gutes Verhältnis haben und gehen dürfen und...**

- **dass die Kinder nicht als Waffe gegen den ehemaligen Partner/in missbraucht und aufgehetzt werden.**

Außerdem gebietet es der Anstand, dass, wenn Sie Ihrer Ex-Frau einmal wieder begegnen sollten, dass man nicht schlecht von oder übereinander redet oder sogar die Straßenseite wechselt.

Wichtig ist sich immer klar zu machen:

Wir haben uns einmal sehr geliebt (sonst hätten wir ja nicht geheiratet usw.). Aber diese Zeit ist nun vorbei und wir können uns immer noch mit Wohlwollen und Anstand begegnen. Das sollte man sich gegenseitig schuldig sein, auch wenn heute eine ganz andere Zeit ist."

...und wenn Ihre Frau nun bei diesem anderen Mann bleiben möchte, so nutzt Ihnen Ihre Eifersucht, Wut, Hass, Zorn auch nichts.

Versuchen Sie zu akzeptieren und zur Ruhe zu kommen.

„Das Leben ist nicht immer heilig."

Ehen vor dem Scheidungsrichter

Kurz ein Paar Gedanken dazu:

Die Ehen und die Inhalte von Partnerschaften, insbesondere seit dem Ende des zweiten Weltkrieges, haben sich ganz enorm verändert. Vorher hatten wir ja noch eine Gesellschaft, in welcher der Mann wirklich das Sagen hatte. Er war derjenige in der Familie, der auch den Ton angab. Er war der Ernährer, ja er war auch „das Oberhaupt" der Familie. Die Rolle der Frau war festgelegt auf Heim, Haus, Kinder und Bett. Das hat sich nach dem zweiten Weltkrieg total geändert. Die Rolle der Frau ist eine völlig andere geworden, insbesondere in der heutigen Zeit.

Dazwischen liegen jetzt inzwischen fast 4-5 Generationen.

Die jüngeren Frauen heute sind nicht mehr bereit, an einer Ehe festzuhalten, wenn diese zum Dauerproblem wird. Wenn eine Partnerschaft nicht mehr funktioniert, dann geht der Trend heute viel eher dahin zu sagen:

„Wenn es nicht mehr geht, das sehe ich mir eine kurze Zeit an und dann gehe ich. Es gibt andere Partner, die passen besser zu mir."

Natürlich spielt in unserer heutigen Zeit die Umwelt und das Umfeld eine ganz große Rolle, insbesondere die Vorbildhaltung des allgegenwärtigen Fernsehens, Internet, soziale Medien usw. Gerade diese vielen Fernsehsendungen zeigen ja häufig nichts anderes als Gesellschafts-, Ehe- und Partnerkrisen, sowie alle möglichen Probleme usw. Ich möchte gar nicht von Gewalt und überzogene Sexualität reden. Das alles bleibt nicht ohne Wirkung und das hat für viele Modellcharakter...d.h. daran orientiert „man" sich, das glaubt man, das wird zur „Lebensschule".

Was aber viel zu kurz kommt, sind Filme, die zeigen würden: wie gehe ich mit meinem Partner oder mit einer Partnerin um, damit wir glücklich leben können. Das bekommen wir in den Schulen nicht gelehrt, das bekommen wir auch in den Kirchen nicht gelehrt, oft ebenso kaum im Elternhaus.

Oft bot ich Seminare für Paare an den Volkshochschulen an, Seminare in denen Paare lernen konnten, wie man miteinander umgeht.

Die Ironie des Schicksals war es, als ich wieder ein Paarseminar angeboten habe, dass dieses abgesagt wurde, weil am gleichen Abend ein Vortrag von einem Rechtsanwalt über das neue Scheidungsrecht angeboten wurde... und dieser Vortrag war brechend voll.

Das ist unsere heutige Zeit.

Sich Mühe geben für den anderen, miteinander an einer Partnerschaft zu arbeiten und daran zu wachsen, das ist anscheinend nicht mehr so gefragt, als sich darüber zu erkundigen, wie man sich für ein paar tausend Euro schnell wieder scheiden lassen kann.

Frieden, schon der Kinder wegen!

Wenn schon Scheidung, dann mit Fairness, Anstand und Würde

Für mich war immer ganz wichtig in der Familientherapie mit scheidungswilligen Paaren, den beiden klar zu machen, dass sie – wenn es schon nicht anders als scheiden geht - sie beide diese Scheidung mit Fairness und Anstand über die Bühne bringen sollen. Sie sollen sich immer bewusst machen – auch wenn die Gefühle jetzt ganz anders sein sollten:

„Wir haben uns einmal geliebt."

Fairness und Anstand heißen für mich:

„Lass uns - jetzt und in der Zukunft - alles daransetzen, dass wir diese Phase unseres Lebens ruhig und verletzungsfrei – insbesondere verletzungsfrei! - beenden, sodass wir uns später ohne Probleme auf der Straße oder bei Regelungen wegen der Kinder auf Augenhöhe – und ohne Missgunst und Streit - begegnen können." **Das sage ich immer am Ende einer Familientherapie den Paaren, die Scheidung als letzten Ausweg sehen.**

Teil 12

Ängste
und
Misstrauen

steuern
die Eifersucht

Teil 12- Ängste und Miss-
trauen steuern die Eifersucht

Die indische Anekdote von „der hilflosen Frau"

Zwei Mönche, von einem sehr strengen Orden, der jeden Kontakt, ja sogar Berührungen oder Blickkontakt zu Frauen untersagt, sind auf dem Rückweg von einer langen Pilger-Wallfahrt.

Es hat mehrere Tage geregnet und nun brennt die Sonne heiß vom Himmel herab.

Ihr Weg führt sie in ein Tal, durch das ein Fluss fließt, normalerweise ein seichtes Gewässer, durch das man problemlos hindurchwaten kann. Aber nach den Regenfällen der letzten Tage steht das Wasser nun höher, braust stärker und fließt gefährlich schnell.

Am Ufer der Furt steht seit einem Tag eine verzweifelte und ängstliche Frau, mit einem Baby auf dem Arm, die auf die andere Flussseite möchte/muss, weil ihre Familie und ihre Kinder auf sie warten.

Wie eine Erlösung erscheinen ihr die beiden Mönche. Aber ehrfurchtsvoll tritt sie auf die Seite und verneigt sich in Demut vor den heiligen Männern.

Beide gehen in den Fluss, den sie trotz des höheren Wassers gut durchwaten können.

Da dreht sich der eine Mönch um und sieht das verzweifelte Gesicht der Frau.

Er geht zurück auf die erschrockene Frau zu, nimmt diese und ihr Baby auf den Arm und trägt beide wortlos durch den Fluss.

Am anderen Ufer fällt die Frau auf die Knie.

Sie ist des Dankes voll, während die Mönche stumm weiterziehen.

Der andere Mönch ist nun voll des Ärgers und eifersüchtig macht er seinem Bruder schwere Vorwürfe:

„Bruder, unser Orden und unsere Gelübde untersagen es uns, eine Frau weder anzusehen, noch diese zu berühren, was du getan hast."

Der andere schweigt lange und sagt dann:

„Bruder, ich habe weder eine Frau gesehen, noch diese berührt, sondern ich habe einen Menschen in Not durch den Fluss getragen, was gottgefällig ist.

DU aber Bruder, DU trägst die FRAU immer noch - wie Gift - in Deinem Herzen."

„Sie macht mir mit ihrer Eifersucht das Leben zur Hölle"

Praxisbeispiel:

„Hört das überhaupt nicht auf?"

„Tja, mein Lieber,

Eifersucht kann schrecklich sein, denn es geht gar nicht um Eifersucht, sondern es geht um Ängste,

um Ängste zu verlieren, um Ängste loszulassen, Ängste zu vertrauen usw.

Es geht um alles das, was ein solcher Mensch in seiner Kindheit nicht bekommen – oder negativ erfahren hat.

Jetzt toben sich diese kindlichen Ängste Ihrer Frau (bei ihren „neuen Eltern") also bei Ihnen aus (ohne, dass ihr das bewusst ist) ... und Sie als Partner, können das natürlich überhaupt nicht verstehen.

Das Beste wäre, Ihre Frau würde verstehen lernen, was da in ihr tobt, was ihre Ängste mit ihr treiben, was sie steuert, was sie da ständig provoziert und was daraus passieren kann.

Ich erlebe es nämlich immer wieder, dass Partner / innen von eifersüchtigen Partnern / innen eines Tages ermattet von diesen jahrelangen sinnlosen Streitereien, irgendwann sagen: „Schluss und Scheidung".

Aber das möchte ich jetzt nicht so provozierend sagen, der Idealfall wäre, Ihre Frau würde einsehen, dass es sich hier um Ängste aus ihrer Kindheit handelt, die sie immer wieder in Aufruhr bringen.

Nur was möchte man machen, wenn mein Partner(in) mir nicht glaubt?

Irgendwann gibt es eben die Quittung für jahrelange Misswirtschaft in meiner Ehe...

Und das sag ich gar nicht gern, aber ich erlebe es häufig so.

Versuchen Sie mit Ihrer Frau ganz ruhig und gutwillig zu reden, versuchen Sie ihr klarzulegen, was ich jetzt gerade gesagt habe. Versuchen Sie, sie zu motivieren, therapeutische Hilfe anzunehmen.

Ich könnte mir vorstellen das wäre der ideale Weg.

Denn meine Erfahrung ist:

wenn das noch einige Jahre so weitergeht, dann gibt das meist böses Blut, viel Streit und wie so oft, am Ende in jedem Fall die Trennung. Das Problem ist, wir sind alle für unsere frühkindlichen Ängste und für deren (oft machtvolle) Steuermechanismen blind, unbewusst, oft diesen hilflos ausgeliefert, aber dafür verantwortlich.

Nur, wir werden daran gemessen, wie wir uns heute als Erwachsene verhalten und wie wir reden und handeln.

Wenn Ihre Frau, (auf dem Hintergrund ihrer frühkindlichen Ängste) heute die Hemden, die Taschen, das Bett, die Jacke, die Seitentaschen von ihrem Mann durchwühlt und er sich (wie ein kleines Kind früher bei seinen Eltern) vor ihr ständig für nichts und wieder nichts rechtfertigen und verteidigen und vielleicht entschuldigen muss, dann ist das alles andere als erwachsen...

Sondern eine wahnsinnige Belastung für diese Ehe.

Dennoch, noch ist nichts zu spät.

Machen Sie ihr das klar… sonst wird sie eines Tages die Quittung für ihr Verhalten bekommen."

Und dann, wenn Ihre Frau Sie an eine andere Frau verloren hat, dann ist das Geschrei und Geschimpfe groß.

Na, raten Sie einmal, wer dann der Schurke und der Schuldige ist?

Teil 13

Eifersucht
hat viele
Wahrheiten

Teil 13 - Eifersucht hat viele Wahrheiten

Das Problem von chronisch - misstrauischen und eifersüchtigen Menschen ist, dass sie für alles und für jeden ihre **„eigene Wahrheit"** haben und sie deshalb ihrem Partner meist nicht glauben, was dieser sagt, darstellt oder erzählt. Aber sie wittern immer:

„Da stimmt doch etwas nicht, so kann das doch nicht sein, da steckt doch noch etwas oder wer anderes dahinter usw."

Und so entwickelt sich ganz schnell in ihrem Unterbewusstsein zu diesem Thema ein Film: ihr eigener Film nämlich, **der meist mit dem was der /die andere erzählt hat nicht zusammenpasst...**

Aber entsprechend ihres eigenen Kopfkinos, entsprechend ihrer Wahrheit, entsprechend ihrer wühlenden Gedanken und Gefühle reagieren sie nun... Und nun wird in dem anderen gebohrt, lauernd hinterfragt usw.

Aber wenn der andere nun nicht genau das so sagt und erzählt, wie sich der misstrauisch - eifersüchtige Mensch diese Situation in seinem Kopfkino so vorgestellt hat, so gibt es schnell heißen Ärger, Verdächtigungen, Anklagen und böse Unterstellungen und unter Umständen Krieg und es heißt dann:

„Du bist ein Lügner und Betrüger..."

Und der/die andere muss sich nun - mit dem Rücken zur Wand - verteidigen.

Sinnlos, weil das ja sowieso nichts bringt und ihm / ihr nicht geglaubt wird.

Und je mehr der eifersüchtige Partner den anderen nun mit seinen völlig „an den Haaren herbeigezogenen" Ansichten und „Wahrheiten" bedrängt und dieser sich nun verteidigen muss, desto mehr ist der Eifersüchtige überzeugt, dass seine Sicht der Dinge stimmt. ...und die „verdrehten Wahrheiten" des Eifersuchtskranken sagen: „Genau so – wie ich das sehe / gehört habe – genau so ist das, ist das passiert usw. und... mein Partner leugnet alles ab, also: er / sie belügt mich"... und ich glaube ihm / ihr kein Wort mehr. Wobei in einem solchen Partnerschaftssystem beide leiden:

Der Eifersüchtige selbst mit seinem Gewirr von verdrehten, negativen, wühlenden, inneren Ängsten, Bildern, Wahrheiten und Gefühlen... **was in diesen Phasen durchaus schon als krankhaft, d.h. psychopathisch angesehen werden kann. Und der ständig „Beschuldigte", der nie so sein kann und darf wie er/sie ist, weil der / die Eifersüchtige mit misstrauischen Argusaugen über ihn / sie wacht, ihm nachspioniert, das Handy durchsucht und ihn / sie sofort bedrängt, anklagt, beschuldigt, inquisitorisch verhört, belauert usw.**

„Warum hast du dieser Frau denn so zugelächelt"... und... „Mit welcher Schlampe chattest du so lange?"

Ja, diese Seelenfolter, diese Inquisition ist oft nicht zu verstehen und für den Betroffenen zum Verrücktwerden... so dass sich Trennen hier oft der einzige Ausweg ist, möchte man nicht ein Leben lang in einem erfundenen Gefängnis leben.

Wenn Eifersucht zur Furie wird

Praxisbeispiel: *„Ich verstehe das alles nicht"*

„Wissen Sie", so erzählte mir Herr Z., *„wir haben uns so auf unseren Urlaub gefreut. Und nun das. Es war eine traumhafte Kulisse: vor uns das Meer, ein fantastischer Sonnenuntergang, jeder einen duftenden Espresso vor sich, um uns herum viele Leute. Da kam*

ein älteres Paar, beide schwerfällig, gehbehindert mit Gehhilfen und sie nahmen an unserem Nebentisch schwerfällig Platz... und schon rutschte dem übergewichtigen Mann einer seiner Gehhilfen weg und landete krachend neben mir auf dem Boden. Schwerfällig bemühte sich der Mann seinen Stock aufzuheben, was ihm aber nicht gelang. Also stand ich kurz auf, hob den Stock auf und übergab diesen, worüber sich die beiden älteren Herrschaften sehr freuten.

Na, und wie das in einer Urlaubsatmosphäre so ist, wir kamen sofort ins Gespräch, weil sie heute den ersten Tag hier angekommen sind und glücklich waren, jemanden zu haben, den sie fragen konnten. Für mich war das selbstverständlich zu helfen, aber es war auch gleichzeitig eine Konfliktsituation, denn ich wollte meine Partnerin nicht allein sitzen lassen.

Ich schaute zu meiner (sehr schnell eifersüchtigen) Partnerin und fragte sie, ob sie nicht einen Moment herüberkommen wolle, was sie dann auch mit blitzenden Augen tat... und die beiden Oldies waren froh jemanden zum Reden zu haben. Klar bemerkte ich, dass das meiner Partnerin (die mich nicht gern mit anderen teilte) absolut nicht passte... Langsam kenne ich sie ja, und so saß sie beleidigt mit eiskalter und unnahbarer Miene dabei.

Und richtig: kaum waren wir wieder in unserem Hotelzimmer so schimpfte sie los: Das sei doch eine Unverschämtheit von mir, sie hier im Urlaub so allein sitzen zu lassen (10-15 Minuten für Menschen die Hilfe brauchten) und mich nicht um sie zu kümmern. Wenn die anderen Informationen wollten, so sollten sie doch zur Information gehen. Schließlich sei sie mit mir und nicht mit den anderen hier."

(Also das 1. der 10 Gebote: „Du sollst keine anderen Götter neben mir haben"). Du gehörst nur mir!!! Typisch: Eifersucht, Missgunst, Neid usw.

„Und dann ging das erst richtig los: ich hätte sowieso immer mehr Aufmerksamkeit auf andere Weiber, als auf sie usw. usw. Und sie schimpfte nur so herum und ihre Stimme wurde dabei immer lauter... und ich bekam wieder einmal alle meine Todsünden aus meiner Vergangenheit auf mein Butterbrot geschmiert. Ich stand da wie ein begossener Pudel und sagte besser kein Wort, denn ich wusste aus Erfahrung:

Wenn ich ihr jetzt dagegenredete, das wollte sie sowieso nie hören und ihre Anklagen und Beschimpfungen wurden dann immer heftiger und lauter. Also, sagte ich besser gar nichts mehr... Als sie sich dann so richtig in ihren Zorn gegen mich hineingetobt hatte, rannte sie zum Kleiderschrank, nahm ihren Koffer, schmiss wütend alle ihre Sachen hinein, knallte die Tür zu und weg war sie... und ich stand da wie der berühmte begossene Pudel... und verstand die Welt nicht mehr. Allerdings hatte ich solche Eifersuchts-Explosionen schon einige Male von / bei ihr erlebt."

Sie erinnern sich, dass ganze Buch spricht davon:
Diese Frau hier zeigt eine sehr extreme Form von Eifersucht.

Schnell entsteht in ihr Verlustangst und ihr Kopfkino entwickelt Szenarien von Untreue, Fremdgehen usw. Oft entstehen daraus „Sturmflut, Zorn und Wutanfälle" und Krieg in ihren Gefühlen und Handlungen... Dinge, welche für Außenstehende (z.B. Partner) dann völlig unverstehbar sind.

(Es könnte sein, dass hier ein psychologisches Krankheitsbild dahintersteht, das sogenannte Borderline – Syndrom.)

„Natürlich begann ich sie zu suchen, aber ich wusste ja, es war zwecklos. Denn solange ihre dunklen Gespenster in ihr tobten, wollte sie nicht gefunden werden... Und das so lange, bis nach Tagen oder manchmal Wochen, bei mir das Telefon klingelt und sie mit kleinlauter Stimme fragt, wie es mir geht und sie sich bei mir für ihren letzten Ausbruch entschuldigt... sie mir aber gleichzeitig aufrechnet, dass ich eigentlich mit meinem Verhalten an allem schuld bin, denn sonst wäre das ja alles nicht passiert. So habe ich das mit ihr schon mehrfach erlebt.

Na ja, der Urlaub war also zum Teufel"... so Herr Z.

„Und meine Liebe zu meiner Partnerin hatte wieder einmal einen beträchtlichen Riss und viele Fragezeichen bekommen... denn wer möchte schon mit einer so unberechenbaren Furie leben?".

Eifersucht und Narzissmus

Ich habe es bisher vermieden über Narzissmus zu sprechen, obwohl das Verhalten vieler der Personen in den Beispielen sehr wohl den Begriff Narzissmus verdient hätte.

Der Zusammenhang zwischen **Eifersucht und Narzissmus** ist in der psychologischen Forschung und Literatur gut dokumentiert, und es gibt viele Aspekte, die diesen Zusammenhang erklären.

Und was Sie hier eben von dieser Frau lesen konnten, das würden einige Psychologen schon nicht mehr unter dem Begriff Eifersucht, sondern zusätzlich unter dem Begriff (krankhafter) Narzissmus vielleicht auch psychopathisch einordnen.

Hier eine kurze Erklärung des Begriffs Narzissmus:

Narzissmus bezeichnet im Allgemeinen ein Persönlichkeitsmerkmal, das durch ein übersteigertes Selbstwertgefühl, ein starkes Bedürfnis nach Bewunderung und eine geringe Empathiefähigkeit gekennzeichnet ist. Menschen mit narzisstischen Tendenzen neigen dazu, sich selbst in den Mittelpunkt zu stellen und haben oft Schwierigkeiten, die Bedürfnisse und Gefühle anderer zu erkennen oder zu berücksichtigen. In extremen Fällen kann Narzissmus auch als narzisstische Persönlichkeitsstörung diagnostiziert werden, die ernsthafte Auswirkungen auf zwischenmenschliche Beziehungen und das tägliche Leben haben kann. Es ist wichtig zu beachten, dass Narzissmus in unterschiedlchen Ausprägungen vorkommen kann und nicht jeder, der narzisstische Züge zeigt, eine Persönlichkeitsstörung hat.

1. Narzissmus und der Drang nach Bestätigung

- **Eifersucht entsteht hier, wenn die narzisstische Persönlichkeit das Gefühl hat, dass der Partner seine Aufmerksamkeit oder Zuneigung einer anderen Person schenkt. In diesem Fall fühlt sich die narzisstische Persönlichkeit in ihrer Bedeutung und Kontrolle bedroht, was zu intensiver Eifersucht führen kann.**

(Siehe den eben geschilderten Praxisfall des Herrn Z.)

2. Selbstwert und Überempfindlichkeit

- **Eifersucht wird hier zu einer Reaktion auf das Gefühl, dass der Partner sie nicht ausreichend bewundert oder dass jemand anderes in der Nähe des Partners eine größere Bedeutung erhält.**

- Die narzisstische Persönlichkeit interpretiert das als Bedrohung seines Selbstwerts.

3. Mangel an Empathie und kontrollierendes Verhalten

- Wenn die narzisstische Persönlichkeit eifersüchtig wird, geschieht dieses oft nicht aus Sorge um den Partner, sondern aus der Angst, die Kontrolle zu verlieren oder in seinem Selbstbild geschwächt zu werden.

4. Narzisstische Wunden und Verlassenheitsängste

- Die Eifersucht resultiert dann nicht nur aus der Angst vor einer anderen Person, sondern auch aus der Angst, den Status als „unersetzlich" im Leben des Partners zu verlieren.

5. Selbstbezogene Interpretation von Beziehungen

- Narzisstische Persönlichkeiten neigen dazu, Beziehungen aus einer sehr selbstbezogenen Perspektive zu sehen, was bedeutet, dass sie die Handlungen des Partners oft nicht im Kontext der Gefühle oder Bedürfnisse des Partners interpretieren, sondern als einen Angriff auf ihre eigene Bedeutung.

Eifersucht und Narzissmus hängen oft sehr eng zusammen, weil die narzisstische Persönlichkeit oft das Gefühl hat, dass er die ungeteilte Aufmerksamkeit und Bewunderung des Partners verdient. Jede Veränderung in der Partnerschaft, die das narzisstische Selbstbild gefährdet (wie das Interesse des Partners an anderen), kann zu starken Eifersuchtsgefühlen führen.

Teil 14

Eifersucht
und
Alkohol:

Eine fatale Kombination

Teil 14-
Eifersucht und Alkohol

Alkohol und Eifersucht sind eine fatale Kombination, da sie sich gegenseitig verstärken und oft zu impulsivem und destruktivem Verhalten führen.

Warum verstärkt Alkohol die Eifersucht?

1. **Gesunkene Hemmschwelle:**
   o Alkohol enthemmt und reduziert die Fähigkeit, rationale Entscheidungen zu treffen. Ein Gedanke oder Verdacht, der nüchtern vielleicht verworfen würde, kann betrunken eskalieren.

2. **Verzerrte Wahrnehmung:**
   o Alkohol beeinflusst die Wahrnehmung und verstärkt negative Emotionen. Ein harmloser Blick oder ein kurzes Gespräch des Partners mit jemand anderem kann plötzlich als Bedrohung empfunden werden.

3. **Impulsives Verhalten:**
   o Unter Alkoholeinfluss werden eifersüchtige Gedanken oft sofort in Aktionen umgesetzt – sei es durch Vorwürfe, Kontrollverhalten oder sogar aggressive Handlungen.

4. **Erhöhte Konfliktbereitschaft:**
   o Emotionen sind unter Alkoholeinfluss schwerer zu kontrollieren. Ein kleiner Verdacht kann schnell zu einem lauten Streit oder sogar zu Gewalt eskalieren.

5. **Vergangenheitsbewältigung:**
    o Wer ohnehin mit Unsicherheiten oder negativen Beziehungserfahrungen kämpft, kann durch Alkohol alte Ängste aufleben lassen und übertrieben eifersüchtig reagieren.

Typische Verhaltensweisen bei alkoholbedingter Eifersucht

- **Kontrollanrufe oder Nachrichten während des Trinkens.**
- **Öffentliche Eifersuchtsszenen oder Streit in Bars/Clubs.**
- **Übertriebene Unterstellungen ohne Beweise.**
- **Eskalation von harmlosen Situationen zu massiven Konflikten.**
- **Gewalt oder Zwangsmaßnahmen (z. B. das Handy des Partners durchsuchen).**

Fazit: Alkohol und Eifersucht sind ein toxisches Duo, das Beziehungen stark belasten oder schnell zerstören kann. Wer sich der Gefahr bewusst ist, kann jedoch Strategien entwickeln, um diesem Teufelskreis zu entkommen.

Eifersucht ist ein Problem der Kontrolle – und Alkohol blockiert genau diese Kontrolle.

„Meine Frau trinkt und ist sehr eifersüchtig"

Praxisbeispiel: Herr G. erzählt:

„Meine Frau Simone trinkt meiner Meinung nach viel zu viel Wein (ca. 1-2 Flaschen am Tag) und angetrunken ist sie extrem eifersüchtig.

Sie kontrolliert mein Handy, sucht immer wieder meine Taschen durch, meine Hemden nach Haaren von einer anderen Frau, vielleicht ist auch Lippenstift dabei? Auch der Autositz wird immer kontrolliert, ob sich darauf fremde Haare befinden und sie beschimpft mich immer wieder, dass ich mit irgendwelchen Schlampen heimlich und hinter ihrem Rücken ins Bett gehe und wie sie sagt, diese vögeln würde. Ich bin aber noch nie in meinem Leben fremdgegangen, aber sie glaubt mir einfach nicht.

Ich ertrage einfach nicht ihre lauernden Blicke, ihre hinterhältige Fragerei – oft mit alkoholisch verschwafelter Stimme - ihr inquisitorisches Herumschnüffeln in meinem Leben und ihre Wutszenen, wenn sie mich alkoholisiert wegen anderer Frauen verdächtigt und beschimpft.

So langsam habe ich die Nase bis oben hin voll und ich denke wirklich an Scheidung. Was ist nur mit dieser Frau los?"

„Tja mein Lieber:

Alkohol und Eifersucht sind ein besonders problematisches Paar.

Lassen Sie mich einmal ein bisschen aus meiner Praxiserfahrung plaudern.

Was ich bei eifersüchtigen und alkoholisierten Menschen, sei es Männlein, sei es Weiblein, immer wieder sehe ist, dass Eifersucht eigentlich ein unzutreffendes Wort ist.

Allgemein versteht man unter Eifersucht genau das, was Sie hier beschreiben. Da ist jemand, der immer mit Eifer sucht, ob er/sie irgendwas „Verräterisches" findet.

Das aber sind ja alles nur äußerliche Zeichen, das sind sozusagen Symptome. Wenn man aber diesem Phänomen der sogenannten Eifersucht auf die Spur kommen möchte, dann muss man tiefer gehen. Man müsste sich die Kindheit und insbesondere die frühe Kindheit Ihrer Frau anschauen.

Denn schlussendlich steht hinter dieser sogenannten Eifersucht Ihrer Frau Angst, Angst Sie zu verlieren. Das heißt, die sogenannte Eifersucht ist in Wirklichkeit

Verlustangst

Diese Verlustangst ist irgendwann einmal in der frühen Kindheit entstanden, und diese Angst, (früher Mutter /Vater usw.) zu verlieren, heute den Ehemann, diese Angst steuert Ihre Frau heute noch. Natürlich sind diese Angststeuermechanismen aus der frühen Kindheit - der erwachsenen Frau von heute - nicht bewusst. Und das ist einfach fatal.

Denn der Alkohol öffnet die gesellschaftlichen Grenzen und oft einen verbalen Schweinestall, aus dem dann Schlimmes ans Tageslicht kommt. Sie sucht dann betrunken nach irgendwelchen Beweisen für ihr „Kopfkino", d.h. für das, was sie sich vorstellt.

Die Erfahrung zeigt:

Die Folgen sind oft dramatisch. Eine solche vom Alkohol enthemmte und von Eifersucht getriebene Frau, wird früher oder später, mit ihrer Eifersucht Krieg gegen Sie führen.

Sie wird ihren Mann derartig in die Ecke treiben und provozieren, dass er es eines Tages mit ihr, mit ihrem Alkohol und ihrer Eifersucht nicht mehr aushält, seine Sachen packt und auszieht, ermattet und erschöpft am Ende einer Kette von oft jahrelangen sinnlosen Auseinandersetzungen und Kämpfen.

Lesen Sie dazu mein Buch:

„Alkohol, du hast mir sehr weh getan" oder: „Ich liebe dich, aber nur wenn du nüchtern bist:"

Oder er wird eines Tages dem Eifersuchts-Programm folgen, was seine Frau ihm seit Jahren zutraut und unterstellt... und er wird sich eines Tages eine andere Frau suchen, weil er es mit seiner eigenen Frau nicht mehr aushält. Aber dann wird seine Frau sagen: „Das habe ich ja schon immer gewusst, dass das einmal kommen wird." Damit hat sie dann die Bestätigung für ihre jahrelangen Verdächtigungen, und das nennt man dann:

„Die sich selbst erfüllende Erwartungshaltung"

Also:

reden Sie mit Ihrer Frau, wenn diese absolut nüchtern ist, aber unmissverständlich. Machen Sie ihr klar, wo dieses ständige Trinken und Herumsuchen, diese Eifersucht (ihre kindliche Verlustangst) hinführen wird, wenn sie Ihnen und Ihren Worten immer misstraut:

Denn Vertrauen zueinander,

das ist das Fundament jeder Beziehung.

Denn kein Mensch hält das ewig mit diesem betrunkenen Psychoterror aus, den eifersüchtige Menschen im Alkoholrausch immer wieder provozieren können.

Schlagen Sie Ihrer Frau Familientherapie vor und wenn sie davon nichts wissen möchte, so rate ich Ihnen dringend, gehen Sie selbst in eine Therapie oder erst einmal in eine Alkohol – Therapiegruppe beim Blauen Kreuz, bei den Anonymen Alkoholikern usw.

Denn ich habe es in ähnlichen Fällen sehr oft erlebt, dass hier die Trennung nicht mehr weit ist. Also, tun Sie etwas für sich, denn

„es brennt in Ihrem Heustadl"

„Meine neue Partnerin ist eifersüchtig auf meine Ex-Frau"

Praxisbeispiel:

„Ich habe immer wieder Streit mit meiner neuen Partnerin wegen meiner Ex-Frau.

Ich bin jetzt 8 Jahre geschieden und ich habe während, aber insbesondere nach der Scheidung, lange gebraucht, um mit meiner Ex-Frau – wegen der Kinder und dem Besuchsrecht – ein vernünftiges und moderates Verhältnis zu finden. Heute können wir uns begegnen und auch in Ruhe miteinander reden, ohne Streit und Angriffe, so wie früher und das hat für mich großen Wert.

Meine neue Partnerin sieht das aber alles ganz anders, insbesondere wenn sie getrunken hat. Sie möchte dann, dass ich jeden Kontakt zu meiner Ex-Frau abbreche und nie mehr mit ihr telefoniere. Getrennt muss getrennt sein, klagt sie mich immer ganz verbittert an... und was ich da mache, das sei charakterlos usw.

Sie möchte mich nur für sich haben, mich einsperren und sie ist stinksauer, wenn ich einmal Kontakt mit meiner Ex-Frau haben sollte. Dann trinkt sie immer erst und danach schimpft sie eifersüchtig lange herum, geschieden ist geschieden. Ich müsse meine Ex-Frau ja noch fürchterlich lieben und solchen Blödsinn...

Und dann ist sie stinkig mit mir, zieht sich zurück, trinkt nun erst recht und ist tagelang beleidigt, möchte sich von mir nicht anfassen lassen, geschweige denn mit mir schlafen.

So langsam halte ich dieses eifersüchtige Alkohol - Theater nicht mehr aus. Ich möchte mich nicht jedes Mal schlecht fühlen und rechtfertigen müssen, auch nicht anbinden oder einsperren lassen.

Was kann ich da tun?".

„Tja, mein Lieber:

Oh je, da muss ich jetzt erst einmal kurz tief Luft holen. Was ich dazu sage? Ich schüttle nur meinen Kopf und denke mir:

Das Leben könnte doch viel schöner sein, wenn es mehr Menschen, insbesondere Frauen, mit einem stabilen Selbstbewusstsein geben würde, die eine Partnerschaft nicht mit ihren Minderwertigkeitskomplexen, mit Alkohol, Neid und Eifersucht und ihren lauernden und versteckten Ängsten belasten würden.

Eigentlich wäre damit alles gesagt, aber ich möchte erklären, was ich meine: Erst einmal, ich finde es toll, dass Sie so tapfer während und nach der Scheidung - für Ihre Kinder - bei Ihrer Ex-Frau um Vernunft gekämpft haben. Das ist nämlich alles andere als selbstverständlich. Ich kenne viele Paare, da gibt es so viele Verletzungen, die schauen sich nach der Scheidung nicht mehr mit dem Hintern an und die Kinder werden emotional hin- und hergerissen, denn sie lieben ja normalerweise ihren Vater wie ihre Mutter gleichermaßen.

Also Kompliment, wie Sie sich dafür eingesetzt haben. Und der Erfolg ist nun, dass Sie mit Ihrer Ex-Frau ein - sagen wir einmal - moderates und ich hoffe zu Ihren Kindern weiterhin ein gutes Verhältnis haben. Das war dieser „Kampf" doch wirklich wert, nicht wahr? Ja, was denn sonst?

Man hat sich doch einmal geliebt, war unter Umständen 20 Jahre miteinander verheiratet, also ¼ des Lebens – je nachdem – also warum soll man nach der Scheidungs- und Streitzeit, jetzt, wo die Gefühle zur Ruhe gekommen sind - nicht fair und friedlich miteinander umgehen, insbesondere wegen der Kinder?

Aber nun gibt es in Ihrem Leben eine neue Partnerin, die trinkt sich immer Mut an, weil diese Sie mit Haut und Haaren besitzen und auffressen möchte (wie der böse Wolf das Rotkäppchen und die Großmutter), die keine andere Frau neben sich duldet, die extrem eifersüchtig ist und die große Angst hat, Sie wieder an Ihre Ex-Frau oder an eine andere Frau zu verlieren.

Eine Frau mit diesen Ängsten und dieser Lebenseinstellung und Eifersucht, noch dazu mit dem Alkohol… Das bedeutet erfahrungsgemäß ständig Krieg, Probleme und Leid… und das ist es nicht wert. Weil immer wieder mit ihr zu streiten, sich auseinandersetzen, weil die Angst - Eifersuchtsgespenster wie eine Sturmflut immer wieder in dieser Frau toben, das kostet wertvolle Lebenskraft, belastet Ihre Liebe und die Partnerschaft…

und das ist alles soooo sinnlos…

weil Sie diesen Kampf gegen diese Alkohol - Angst / Eifersuchtsgespenster dieser Frau NICHT GEWINNEN können…

denn diese alkoholischen - Angst - Eifersuchtgespenster

sind sehr mächtig !!!

Jetzt kommt es darauf an, ob Sie ein weicher Mann sind, der sich von dieser Frau und ihren Ängsten einschüchtern, in die Ecke drücken und beherrschen lässt… oder ob Sie ein Mann mit Rückgrat sind, der konsequent handelt und weiß, was er tut.

Reden Sie mir ihr - aber nur, wenn Sie stabil sind und keine Angst vor ihren heftigen (Eifersuchts-) Reaktionen haben. Auch dürfen Sie keine Angst davor haben, dass hier eventuell eine Trennung droht. Wissen Sie, mit einer solchen eifersüchtigen, hysterischen „Kampffrau" zu leben, die Sie beherrschen und Ihr Leben bestimmen möchte, das macht Sie kaputt und eifersüchtige Angstmenschen sind in ihren Angstreaktionen sehr, sehr stark und mächtig.

Also, reden Sie mit ihr.

Machen Sie ihr klar, dass Ihre ganze Liebe ihr gehört und dass Sie ihre Eifersucht nicht nötig hat, da Sie sie sehr lieben.

Aber machen Sie ihr auch klar, dass Sie diesen Alkoholkonsum und diese Eifersucht und Streitereien nicht akzeptieren, NIE MEHR, weil diese partnerschaftszerstörend sind.

Machen Sie ihr klar, dass Sie nicht mehr bereit sind, ihr Geschimpfe hinzunehmen und zu ertragen.

Machen Sie ihr auch klar, dass Sie 20 Jahre mit Ihrer Ex-Frau zusammen waren und Sie heute, insbesondere wegen der Kinder, einen fairen, freundlichen Kontakt zu Ihrer alten Familie erhalten wollen…ohne ständig Stress mit ihr deshalb haben zu wollen.

Aber wie gesagt:

„Angst macht Macht"

Es könnte aber auch sein – ja, rechnen Sie sogar damit - dass Ihre neue Partnerin dann sagen wird:

„Na, wenn Du noch so an deiner alten Familie hängst, so für Deine Ex-Frau kämpfst, dann musst Du sie ja noch sehr lieben"… und sie wird Sie wütend verlassen…

Fazit:

2 Monate später hat mich mein Patient wieder um ein Gespräch gebeten. Er hat mir erzählt, dass seine Partnerin - nach ständigem Streit wegen seiner alten Familie - sich von ihm getrennt hat und absolut keinen Kontakt mehr zu ihm wünscht.

Was doch diese Angstgespenster so alles mit uns treiben!

Teil 15

Eifersucht
älterer Menschen

in Familie, Pflege und
Altenheimen

Ein oft vernachlässigtes
Thema

Teil 15- Eifersucht älterer Menschen

In unserer heutigen (insbesondere westlichen Welt) gehören älterwerdende Menschen kaum mehr dazu.

Sie sind für den Arbeitsprozess oft nicht mehr brauchbar, sie mögen die Musik der jungen Generation nicht, sie können sich in die Unruhe und Hektik der heutigen Welt schwer einfinden, sind oft unbeholfen mit allem Neuen insbesondere mit der Medienwelt und sie gehören nach der Meinung junger Menschen heute einfach nicht mehr dazu.

Wobei die jungen Menschen – welche eine solche Meinung über ältere Menschen vertreten – völlig vergessen, dass sie selbst in einigen Jahrzehnten genau dastehen werden, wie nun ihre Eltern / Großeltern!

Für die Politik allerdings sind ältere Menschen natürlich gut, weil sie überwiegend konservativ wählen… diese konservativen Parteien aber anschließend kaum etwas für die Älteren tun!

Denn im Alter entstehen oft Probleme, gesellschaftliche Probleme, Krankheitsprobleme und wenn man die Wartezimmer der Ärzte anschaut, sind diese oft besucht von älteren Menschen.

Hinzu kommt, dass ältere Menschen gern „im Gestern" leben, wo doch „alles viel besser war."

Ihre Art zu denken, passt oft nicht mit der heutigen Denkweise zusammen.

Altersdepression oft auch Alterseigensinn, aus dem Besserwisserei und massive Eifersucht auf vermeintlich Jüngere entstehen kann, machen ihnen selbst und ihren Kindern oft das Leben schwer.

Eifersucht auf die Schwiegertochter?

Frau S. sitzt mir völlig verzweifelt gegenüber

Praxisbeispiel:

„Wissen Sie, die Eltern meines Mannes werden langsam alt. Deshalb haben wir diese auf Wunsch meines Mannes zu uns ins Haus genommen, auch weil wir in einem großen Bauernhaus leben und viel Platz haben. Aber: seither sind unsere Kinder nur noch bei den Großeltern. Da bekommen sie wirklich alles: ständig Fernsehen, sie werden dort mit Süßigkeiten vollgestopft und natürlich mit jeder Form von ungesunder Ernährung.

Diese Großeltern haben plötzlich viel mehr Einfluss auf meine Kinder als ich. Seither gibt es immer wieder Streit mit meinem Mann, wegen seiner unvernünftigen Eltern, insbesondere seiner besserwisserischen Mutter. Meinem Mann ist das egal. Der meint, ich soll nicht so eifersüchtig sein und seine Eltern und die Kinder machen lassen, wie es geht. Aber das passt mir überhaupt nicht. Was soll ich nur tun?

Tja…

Großeltern im Haus, insbesondere wenn Kinder da sind, das kann oft zu einem Problem werden. Ich höre häufig, dass dieses Zusammenleben unter einem Dach alles andere als einfach ist, insbesondere weil ja Großeltern für die Kinder keinerlei Verantwortung mehr zu tragen haben. Großeltern müssen ja nicht mehr erziehen, sondern sie können jetzt den Enkelkindern alles durchgehen lassen und diese nach Strich und Faden einfach nur verwöhnen.

Jetzt aber, kommt auch noch unsere heutige Zeit dazu, in der man sich sehr viel erlauben und sehr viel leisten kann. Da werden die Kinder dann von den Großeltern verwöhnt, dürfen Fernsehen bis in die Puppen, bekommen auch noch – oft gegen den Willen der Mutter/Eltern - viele Süßigkeiten und alle möglichen Geschenke. Und die Erziehung der Mutter wird oft von den Großeltern ganz bewusst unterlaufen und untergraben, weil sie die Schwiegertochter vielleicht nicht mögen und die Erziehung der Mutter/Eltern auch nicht einsehen wollen... denn früher, ja da war alles ganz anders und viel besser.

Und so gibt es dann oft Streit und Eifersuchtsszenen, insbesondere der Schwiegermutter gegen die Schwiegertochter und umgekehrt. Da kommt dann auch noch ein gewisser „Altersstarrsinn" dazu: „Wir sind älter. Wir haben 3-4-5 Kinder großgezogen... wir wissen das alles viel besser usw." Ärger ist so geradezu vorprogrammiert.

Hier brauchen Sie unbedingt die Rückendeckung Ihres Mannes. Er MUSS hingehen und sich vor seine Frau, vor seine Familie stellen und er MUSS sich mit seinen Eltern auseinandersetzen. Er MUSS seinen Eltern sagen: *„Das sind unsere Kinder und nicht eure Kinder. Wir wünschen, dass Ihr Euch an unsere Erziehung haltet, die wir hier vorgeben. Denn die Eltern sind ja schließlich wir."*

Geschieht das nicht, werden die Kinder nun zum Spielball zwischen den Großeltern und den Eltern, die sich nicht einig sind... was völlig ungut für die Erziehung ist und was die Kinder natürlich ausnutzen. Mich würde interessieren, was sagt denn eigentlich Ihr Mann dazu? Oder geht er nun in Deckung (wie oft der Fall) und denkt sich, *„ach lass sich mal meine Frau mit meiner eifersüchtigen Mutter auseinandersetzen?"*.

Ich denke, hier muss endlich Klartext geredet werden, denn – wie gesagt - die Großeltern sind jetzt nicht mehr in der Pflicht zu erziehen, darum geht es eigentlich. Sie können sich jetzt aus allem heraushalten was mit Erziehung zusammenhängt. Sie können sich jetzt die Rosinen herauspicken und können den Kindern alles erlauben und sie nach Strich und Faden verwöhnen.

Und wichtig: Die Großeltern bekommen bei den Kindern nun einen ganz anderen Status als die Eltern, denn die Kinder sehen die Großeltern nur als die Guten, die Lieben und netten Menschen, wo sie NUR verwöhnt werden, alles dürfen und können. Die Eltern aber, die ihnen „das schöne Leben durch ihre Erziehung verderben", werden nun zu Feinden... und es gibt ständig Probleme, mit dem Argument: *„Bei der Oma darf ich das aber."* Das nervt und provoziert immer wieder Streit. Die Kinder holen sich nun ihre Rosinen bei den Großeltern, während die Eltern immer diejenigen sind, die NEIN sagen (müssen), *„das machst Du nicht, das darfst Du nicht usw."*

Damit haben die Eltern bei den Kindern immer den „Schwarzen Peter" und sie bekommen einen schlechteren Stand.

„Am Schlimmsten ist es, " so erzählt mir Frau S., *„ wenn die Kinder beim Mittag- oder Abendessen plötzlich nörgeln, weil sie sich kurz davor bei der Oma schon wieder den Bauch mit Süßigkeiten, Keksen usw. vollgeschlagen und sie so keinen Hunger mehr haben, wofür ich zwei Stunden in der Küche gestanden bin. Ich glaube, dass die Großmutter das absichtlich so macht, um mir eins auszuwischen. "*

Wenn Großeltern so unvernünftig (oft gemein) sind und die Erziehung der Mutter unterminieren und nicht akzeptieren wollen, das muss Ärger geben. Je eher also Ihr Mann mit seinen Eltern Klartext redet, desto besser. Aber dieser Mann hier möchte nur seine Ruhe haben und nicht zwischen die beiden Frauen geraten. Deshalb sagt er immer: *„Ihr Weiber mit Eurer blöden Eifersucht."*

Und nun erzähle ich einmal von ganz ähnlichen Fällen, die ich in der Praxis erlebt habe:

Ich habe es einige Male erlebt, dass sich Frauen, nach jahrelangen (völlig unnötigen) massiven Auseinandersetzungen mit den Schwiegermüttern haben scheiden lassen, insbesondere weil der Mann mehr zu seinen Eltern als zu seiner Frau und seiner Familie gestanden ist.

Und die Frau hat die Kinder mitgenommen und ist weggezogen! Na, da war dann das Geschrei groß.

Vermeidet Ihr Mann diese klärenden Gespräche, weil er bei seinen Eltern immer noch wie ein kleines Kind reagiert und er Konflikte mit diesen scheut, dann braucht er dringend therapeutische Hilfe... Aber vielleicht (so wie viele andere Männer auch) denkt er erst darüber nach, wenn seine Frau mit den Kindern weg ist.

Eifersucht unter älteren Menschen in Alten- und Pflegeheimen

Ich habe das selbst erlebt. Meine Mutter bekam mit gut 70 Jahren einen schweren Schlaganfall. Folgen: Halbseitenlähmung, Verlust von Erinnerung und Sprache, schwere Diabetes, ständigem Beaufsichtigen wie ein kleines Kind, gefüttert, gewaschen und gepflegt werden müssen...

Wir hatten unsere Mutter danach 8 Jahre lang als schweren Pflegefall im Haus, bis diese endlich erlöst wurde (und wir auch).

Zeitweise mussten wir sie nach Krankenhausaufenthalten für kurze Zeit zur Nachpflege in ein spezielles Heim geben und hier erlebte ich, von dem ich nun hier schreibe, und was im Allgemeinen unbekannt oder sogar ein Tabuthema ist, das haben mir auch die Pflegekräfte so erzählt:

Nämlich Liebe, Eifersucht und Sexualität im Alter.

Bedürfnisse nach Liebe, Beziehung und Intimität...
Auch im Alter? ...Ja Klar,... Auch im Alter!
denn Gefühle hören mit dem Alter doch nicht auf.

In unserer Gesellschaft werden bei älteren Menschen Themen wie Liebe, Eifersucht und Sexualität oft tabuisiert, ignoriert, verschwiegen oder belächelt, weil viele meinen, dass insbesondere Liebe und Sexualität – so wie es die Fernsehfilme immer zeigen – nur jüngeren Menschen vorbehalten sind.
Vorsicht: Wer so denkt, dem sollte klar sein, auch er / sie wird einmal alt sein! Denn auch ältere Menschen haben ein immer noch starkes Bedürfnis nach Nähe, Verbundenheit, Liebe und Zuneigung, denn das sind grundlegende menschliche Bedürfnisse, die mit dem Alter nicht einfach verschwinden.
So bleibt Liebe, Nähe und Sexualität auch im Alter wichtig. Während sich die sexuellen Bedürfnisse und Ausdrucksformen ändern können, ist das Verlangen nach Intimität und körperlicher Nähe oft weiterhin vorhanden**, denn diese Bereiche sind auch entscheidend für das Wohlbefinden und die Lebensqualität älterer Menschen.**

Wichtig wäre, dass unsere Gesellschaft ebenfalls umdenkt, dass nicht alles den Jüngeren vorbehalten ist und sie die Realität der Bedürfnisse älterer Menschen anerkennt und Vorurteile gegen Ältere abbaut. Alten- und Pflegeheime zum Beispiel, sollten ein offenes und unterstützendes Umfeld schaffen, in dem Bewohner ihre Bedürfnisse äußern und leben können. Durch Schaffen von Gelegenheiten für soziale, zwanglose und persönliche Begegnungen könnten diese Einrichtungen dazu beitragen, dass ältere Menschen ein erfülltes und glückliches Leben führen, in dem ihre emotionalen, seelischen, auch sexuellen Bedürfnisse respektiert und gelebt werden können.

Alterungsprozesse bringen oft körperliche Probleme mit sich, die sich auch auf die Sexualität auswirken können. Dazu gehören hormonelle Veränderungen, die zu einer Abnahme des sexuellen Verlangens oder zu körperlichen Herausforderungen führen können. Viele ältere Menschen berichten hier von einer verringerten Libido, während andere weiterhin aktiv sind.

Eifersucht in Alten- und Pflegeheimen

Nach dem Verlust eines Partners oder während des Lebens in einer Einrichtung suchen viele ältere Menschen (oft händeringend und versteckt leidend) nach neuen Beziehungen. Der Umzug in eine Pflegeeinrichtung (nach Tod des Partners (in), Krankheit, Alleinsein oder Behinderung usw.) bedeutet für ältere Menschen oft einen schlimmen Verlust an Selbstbestimmung. Bewohner, die früher ihr Leben selbstständig geführt haben, können eifersüchtig auf andere reagieren, die noch in der Lage sind, selbst Entscheidungen zu treffen, Aktivitäten außerhalb des Heims zu unternehmen oder solche, die im Heim einen neuen Partner / in gefunden haben. Diese Eifersucht kann sich in negativen Gefühlen äußern, welche sich problematisch auf die Gemeinschaft auswirken kann, denn einen neuen Partner / in zu finden wird (aus biologischen Gründen) immer schwieriger.

Neid, Missgunst, Eifersucht

Diese Eifersucht kann dann zu offenen Konflikten oder subtilen Rivalitäten führen, die das Gemeinschaftsgefühl untergraben. Eifersucht bei älteren Menschen ist oft ein unangenehmes Thema, das viele Menschen meiden.
Ältere Menschen könnten sich schämen, eifersüchtig zu sein oder über ihre Eifersuchtsgefühle zu sprechen, aus Angst, als unsicher oder neidisch wahrgenommen zu werden

Teil 16

Die modernen Formen der Eifersucht

Teil 16 - Die modernen Formen der Eifersucht

Wie die digitale Welt ... oft Liebe zerstört

Eifersucht ist kein neues Gefühl. Sie existiert, seit Menschen Beziehungen führen. Doch die digitale Welt hat sie auf ein neues Level gehoben. Smartphones, soziale Medien und Messenger-Dienste machen es möglich, permanent in Kontakt zu bleiben – oder eben nicht. Genau diese Dynamik schafft neue Unsicherheiten und Herausforderungen für Beziehungen.

Digitale Eifersucht beschreibt das Misstrauen, die Unsicherheit oder die übersteigerte Kontrolle, die durch Online-Kommunikation, soziale Medien und mobile Technologien entsteht.

Typische Auslöser der digitalen Eifersucht

- **Online-Status und blaue Haken**
  „Er/sie war online, aber hat mir nicht geantwortet!"
  Gelesene, aber unbeantwortete Nachrichten führen zu Unsicherheiten.

- **Social Media-Aktivität**
  „Warum liked mein Partner Bilder einer anderen Person?"
  Instagram, Facebook & Co. erzeugen den Eindruck, dass Online-Interaktionen eine tiefere Bedeutung haben.

- **Vergangene Beziehungen & Ex-Partner**

„Warum folgt er/sie noch dem/der Ex?"
Fotos, alte Nachrichten oder Freundschaften in sozialen Netzwerken können alte Wunden wieder öffnen.

- **Geheimniskrämerei am Smartphone**
„Warum dreht er/sie das Display weg?"
Verstecktes Tippen oder plötzlich gelöschte Chats wecken Verdacht.

- **Dating-Apps & versteckte Profile**
„Ist mein Partner noch auf Tinder aktiv?"
Selbst wenn das Profil längst inaktiv ist, kann der Verdacht bestehen bleiben.

Warum ist digitale Eifersucht so intensiv?

- **Ständige Erreichbarkeit:** Kommunikation endet nicht mehr an der Haustür. Theoretisch kann ein Partner jederzeit mit jemand anderem schreiben.
- **Fehlende nonverbale Signale:** Ohne Tonfall, Mimik und Körpersprache werden Nachrichten oft falsch interpretiert.
- **Vergleichsdruck durch Social Media:** Die scheinbar perfekten Beziehungen anderer erhöhen das Gefühl, selbst ungenügend zu sein.
- **Angst vor Verheimlichung:** Die Möglichkeit, dass jemand geheim chattet oder „Doppelleben" führt, schürt Misstrauen.
- **„Digitaler Fußabdruck":** Nachrichten, Likes und Follower hinterlassen Spuren, die zu Missverständnissen führen können.

Folgen digitaler Eifersucht:

- **Kontrolle & Misstrauen:** Partner überprüfen heimlich Handys oder fordern Passwörter.
- **Streit & emotionale Distanz:** Ständige Diskussionen über Online-Verhalten belasten die Beziehung.
- **Selbstzweifel & Angst:** Wer ständig misstraut, leidet an Unsicherheit und geringem Selbstwertgefühl.
- **Manipulation & Einschränkung:** Einer der Partner gibt aus Angst nach und verzichtet auf Kontakte oder Social Media.

Digitale Eifersucht ist eine moderne Herausforderung, die tief in klassischen Unsicherheiten wurzelt. Der Unterschied zu früher: Heute sind wir rund um die Uhr mit anderen vernetzt, und das kann die Angst vor Untreue verstärken. Doch wer sich von digitaler Eifersucht beherrschen lässt, riskiert, das Vertrauen in der Beziehung zu zerstören. Der Schlüssel liegt – wie so oft – in Kommunikation, Reflexion und gesundem Vertrauen.

Swingerclubs und Eifersucht

Warum gehen Paare in Swingerclubs? Viele Paare suchen dort Abwechslung und wollen ihre Sexualität gemeinsam ausleben, ohne Heimlichkeiten. Der Reiz liegt oft darin, den Partner begehrt zu sehen, was sogar als erregend empfunden werden kann.

Wie wird mit Eifersucht umgegangen?

- **Offene Kommunikation:** Paare, die das langfristig praktizieren, sprechen sehr offen über ihre Gefühle und Ängste. Sie definieren klare Grenzen, z. B. „Nur Flirten, kein Sex" oder „Nur gemeinsam, nicht allein".

- **Emotionale Sicherheit**: Viele Paare berichten, dass die Sicherheit in ihrer Beziehung Voraussetzung für solche Erfahrungen ist. Eifersucht entsteht oft aus Unsicherheit oder Verlustangst – wenn diese nicht da ist, kann Eifersucht wegfallen..
- **Nachbesprechungen**: Manche Paare reflektieren nach dem Besuch gemeinsam: Was war schön, was hat gestört? So kann man negative Gefühle direkt ansprechen und klären.
- **Scheitern an Eifersucht**: Es gibt auch Fälle, wo Paare daran zerbrechen, weil einer doch stärker eifersüchtig reagiert als gedacht. Das passiert besonders dann, wenn Grenzen überschritten wurden oder man versucht hat, Probleme in der Beziehung zu lösen.

Selbstbefriedigung und Penisneid

Was löst Eifersucht aus?

- **Angst vor Unzulänglichkeit**: Viele Männer vergleichen sich unbewusst mit dem Dildo – sowohl in Größe als auch in „Leistung". Das kann Minderwertigkeitskomplexe auslösen, die als Eifersucht wahrgenommen werden.
- **Falsch verstandene Treue**: Manche empfinden Selbstbefriedigung des Partners als Untreue oder Ablehnung, vor allem, wenn das Thema nie offen besprochen wurde.
- **Sexualität als Machtfaktor**: Wenn Sexualität stark mit Bestätigung und Macht verbunden ist, kann der Dildo als „Konkurrent" gesehen werden, der die eigene Rolle bedroht.

- **Offene Kommunikation**: Paare sollten über ihre Bedürfnisse und Fantasien sprechen. Wenn klar ist, dass die Selbstbefriedigung nichts mit Unzufriedenheit zu tun hat, reduziert das die Eifersucht.

- **Einbindung in das Liebesleben**: Einige Paare integrieren Sextoys bewusst ins gemeinsame Liebesleben. Das kann helfen, das „Konkurrenzdenken" zu überwinden.

Polygamie und Eifersucht im arabischen Raum

Kulturelle und religiöse Hintergründe:

Im Islam ist Polygamie unter der Bedingung erlaubt, dass der Mann alle Frauen gleichbehandelt. Diese Regel dient dazu, Eifersucht und Ungerechtigkeit zu minimieren. Traditionell erfüllen diese Ehen auch wirtschaftliche oder soziale Funktionen, z. B. Versorgung von Witwen oder Stabilität für Großfamilien. Das verändert die Sichtweise auf Eifersucht.

Wie wird Eifersucht erlebt und verarbeitet?

- **Emotionale Kontrolle und Akzeptanz**: In vielen Kulturen wird Eifersucht als Zeichen von Schwäche oder mangelnder religiöser Hingabe gesehen. Frauen lernen oft von klein auf, ihre Eifersucht zu unterdrücken und stattdessen Solidarität zu zeigen.
- **Hierarchien und Machtgefüge**: Es gibt häufig eine „Hauptfrau" (oft die Erstfrau), die eine höhere Position hat und dadurch mehr Macht in der Familie besitzt. Diese Hierarchie kann Eifersucht sowohl verstärken als auch kontrollieren.
- **Freundschaften und Allianzen**: In manchen Familien entwickeln sich enge Freundschaften zwischen den Frauen. Sie sehen sich als Schwestern oder Verbündete und unterstützen sich gegenseitig, besonders in der Kindererziehung.

Teil 17

Eifersucht?

Ist doch völlig Sinnlos!

Teil 17- Eifersucht ?
Ist doch völlig sinnlos!

Oder haben Sie schon jemals erlebt, dass Eifersucht etwas Gutes gebracht hätte, außer Tränen, Leid, Wut, Auseinandersetzungen, Verdächtigungen, Anklagen, Abgrenzungen. Liebesentzug und am Ende oft entwürdigende Szenen wie Enttäuschung, Frustration, Trennungen und Scheidungen, unter denen und deren Folgen, oft die Seelen der Betroffenen sowie deren Kinder - die das alles ja miterleben müssen - schrecklich leiden.. und diese das ein Leben lang nicht vergessen werden.

Und das soll gut sein?

Eifersucht ist so sinnlos, wie nur irgendetwas sinnlos sein kann.

O.K. ich kann mich über meinen Partner / Partnerin grün und blau ärgern, wenn ich bemerke „da läuft irgendetwas."

Ich kann Terror machen, ihn oder sie beschimpfen, zur Rechenschaft ziehen wollen… und was erreiche ich damit?

NICHTS, absolut nichts, denn der / die andere wird immer sagen *„Du spinnst, du siehst Gespenster usw"*. Also können wir uns ständig zerfleischen…meine Wahrheit - gegen deine Wahrheit.

Und je mehr Sie den anderen bedrängen, beschimpfen, verdächtigen, je mehr wird der / die andere das alles zurückweisen und nur daraus lernen, noch vorsichtiger sein zu müssen (solange Ihre Ahnungen stimmen!).:

Ja, was glauben denn Sie? Wenn wirklich Ihr Partner / Ihre Partnerin hinter Ihrem Rücken in Liebe zu einem / einer anderen entbrannt ist, ja was glauben Sie was der / die nun tut?

Haben Sie dieses Buch / die Praxisbeispiele nicht aufmerksam gelesen?

Natürlich wird ganz oft (zwar mit Schuldgefühlen) aber wegen der wallenden Liebesgefühle zu dem / zu der anderen erst einmal Verstecken gespielt... und gelogen.

Mit Wut , Zorn und Eifersuchtsszenen werden / können Sie das nicht ändern. Denn Liebesgefühle und Bedürfnisse nach Nähe und Sexualität sind viel stärker als jede Form von Beschimpfungen, Verdächtigungen und Ehrlichkeit.

Denn Liebe möchte sich erfüllen, ob Ihnen das passt oder nicht. Und das dauert, bis der /die andere, entweder den Mut findet, die Karten auf den Tisch zu legen oder so lange lügt und Sie betrügt, bis es nicht mehr anders geht...

und wenn er / sie - jetzt in die Enge getrieben – seine Sachen nimmt und geht. Und was ist damit gewonnen?

Ja, ich weiß, das zu regeln, dazu gehört Mut und ein ruhiger Kopf.

Aber wie wäre es, wenn Sie ihm / ihr einfach eine Brücke bauen würden und z.B. GANZ RUHIG sagen:

- **Ich spüre, ich weiß, dass Du . . .**
- **Bitte belüge mich nicht (mehr - weiterhin).**
- **Das habe ich nicht verdient.**
- **Ich vertrage die Wahrheit.**
- **Ja klar, auch ich habe in unserer Vergangenheit Fehler gemacht.**
- **Aber ich möchte Dich nicht verlieren. Denk bitte einmal darüber nach.**

- Also Schluss mit dem Verstecken spielen.

- Schluss mit dem Belügen und Betrügen.
- Karten auf den Tisch…

und jetzt wird etwas geschehen. Glauben Sie mir. Das bleibt nicht ohne Wirkung.

Aber was ist, wenn Sie eifersüchtig sind und wirklich „KOPFKINO - Gespenster sehen", sich nur einbilden, da sei etwas und Sie mit der dunklen Macht Ihrer Gefühle den anderen bedrängen, verdächtigen, anklagen und diesen in seiner / ihrer Ehrlichkeit nun zu einem unehrlichen Betrüger und Fremdgänger abstempeln und ihn / sie massiv bedrängen, verdächtigen und beschimpfen?

Dann haben Sie - wenn es unerträglich wird - einen Partner / oder Partnerin verloren, der / die nicht weiter mit Ihnen und mit Ihrem dunklen Angst - Terrorsystem leben möchte,

(siehe 1. Praxisbeispiel Tanja).

Dann haben Sie einen Menschen verloren, der Sie einmal sehr geliebt hat und…

Sie haben auch noch seine Seele und seine Wahrhaftigkeit mit Ihrer Eifersucht zerstört. Und? War es das nun wert?

Sollten Sie eifersüchtig sein, so denken Sie an die dunklen Mächte Ihrer Eifersuchts - Ängste in Ihrem Unterbewusstsein… die Sie gut kontrollieren und immer an die Kette legen sollten.

Denn Eifersuchts-Ängste sind meist Zerstörer und in der Regel sinnlos.

Aber:

Die rote Karte:

Es gibt durchaus eine oft vergessene Seite der Eifersucht, die durchaus sinnvoll sein kann:

Eifersucht kann in einer Partnerschaft dem Partner / in Grenzen aufzeigen, um klarzumachen, was für mich (noch) erträglich ist und was nicht.

Es geht in diesem Fall (wie immer) doch nur um das WIE!

Wie heilt man Eifersucht?

Tja… gibt es hier überhaupt so etwas wie eine Heilung? Denn Sie wissen ja: Eifersucht hat etwas mit Selbstbewusstsein, Selbstwertgefühl und Selbstvertrauen zu tun.

Schon auf der 1. Seite der Bibel steht: „Im Anfang war das Wort…" Das heißt: Mir muss erst einmal klar werden, wie unangenehm - oft auch schlimm und schrecklich - das für den Partner / in sein muss, dieses Misstrauen, dieses ständig nach Beweisen suchen, dieses Belauern, Sticheln, Verdächtigen, Anklagen, Beschuldigen, Beschimpfen…usw.

Und der / die andere steht oft fassungslos dabei und MUSS das alles über sich ergehen lassen, ist unter Umständen völlig schuldlos, muss sich verdächtigen lassen und sich auch noch für Ihre Kopfkino - Vorstellungen verteidigen.

Möchten Sie das selbst einmal erleben?

Also MUSS mir als ersten Schritt klar werden, in welche Seelennot und Pein ich meinen Partner / in mit meiner Eifersucht treibe, wie weh das oft dem / der anderen tut… immer wieder wegen nichts und wider nichts angeklagt, belauert hinterfragt oder verdächtigt zu werden.

Klar werden die Eifersuchts-Ängste sich nun verteidigen und sagen: „Ja, weil Du… und Du hast ja immer schon… und damals da hast Du ja auch usw."

Also klar, die Schuld haben immer die anderen und die Eifersüchtigen sind mit ihrer Art immer DIE ARMEN OPFER der Menschen, welche diese immer belügen und betrügen , sie MÜSSEN ja nur reagieren…weil der / die andere ja immer,… die Armen!

Tja, wie gesagt, dieses „Spiel" geht nun so lange, bis der / die „arme Eifersüchtige" endlich einsieht und begreift, dass er / sie mit dieser Art schon immer der Störer oder Zerstörer von Partnerschaften und Beziehungen war und ist… oder er / sie fühlt sich in seinem überheblichen Narzissmus immer weiter gut und unschuldig und zerstört weiterhin Beziehungen.

Bis er / sie einmal alt und frustriert ist und sich dann fragt, warum GOTT ihn / sie im Leben so benachteiligt hat, dass sich ausgerechnet von ihm / von ihr, der es doch immer so gut gemeint hat, alle abgewandt haben.

Das ist doch wirklich ungerecht…Nicht wahr!

Heilung durch Liebe, Glauben und Vertrauen

Sie erinnern sich:

Als die kleine EVA sich der behütenden und beschützenden Kraft ihrer Engel bewusst wurde, konnte das Kind endlich Vertrauen gewinnen und Selbstbewusstsein aufbauen, sich stabilisieren und so seine Ängste verlieren.

Frau A. konnte es gar nicht glauben, aber auch die chronische Infektanfälligkeit ihrer Tochter hörte damit auf und das Kind ging nun gern (weil angstfrei!) in die neue Schule.

Aber ihr ganzes Kinderzimmer, so erzählte mir Frau A. in unserer letzten Sitzung, war voll von Engelbildern, die der kindlichen Seele so guttun!

Voller Erstaunen berichtete mir Fr. A. dass sich die kleine Eva bei einem letzten Familienbesuch auch gegen die älteren Schwestern mit ihren Schwarzen Mann - Geschichte wehrte. Und sie sei ihren Schwestern viel stabiler und selbstbewusster gegenübergetreten.

Der Glaube an ihre Engel hat der kleinen Eva ihr Selbstbewusstsein gestärkt, ihr Selbstvertrauen und Selbstwertgefühl gegeben.

Denn Ängste, welche oft zu Eifersucht führten, können in einem solch stabilen Glaubens- und Vertrauenssystem nicht Bestand haben.

Liebe und Vertrauen

Das Gegenteil von Angst ist Liebe und Vertrauen.

Vertrauen kann auf vielen Ebenen existieren. Es gibt nicht nur das Vertrauen zwischen Menschen, sondern auch zum Beispiel Vertrauen in Institutionen und Systeme.

Aber am wichtigsten ist Liebe und Vertrauen in sich selbst, das berühmte Selbstvertrauen.

Die Zeit im Mutterleib kann als eine Art Ur-Erfahrung von Vertrauen betrachtet werden, da das Kind vollkommen abhängig von der Mutter ist und es sich auf ihre seelische Fürsorge und spätere Versorgung verlassen muss!

Wenn nun die Erfahrungen des entstehenden Babys im Mutterleib aber nicht positiv sind oder wenn die Bindung zur Mutter gestört ist, (z.B. weil die zukünftige Mutter das Kind nicht möchte, diese krank ist, sie sich ständig mit Eheproblemen oder anderen

Sorgen herumplagen muss usw.) **kann dies zu Problemen in der seelischen Entwicklung des zukünftigen Kindes von Liebesfähigkeit und Vertrauen im späteren Leben führen.**

Das Mutter-Kind-Verhältnis ist also die wichtigste Quelle für die Entwicklung des Kindes zu Liebe, Vertrauen und Bindungsfähigkeit.. Die Erfahrungen und Bindungen, die ein Kind mit seiner Mutter - oft auch Oma und Umgebung erlebt, werden ein Leben lang sein Vertrauen beeinflussen.

Vertrauen kann auch durch gemeinsame Erlebnisse und Erfahrungen entstehen, die eine Bindung zwischen Menschen stärken und ein Gefühl von Sicherheit und Verlässlichkeit schaffen.

Vertrauen ist die Überzeugung, dass jemand oder etwas meinem Herzen guttut, verlässlich und zuverlässig ist... und daraus kann dann auch Liebe entstehen.

Vertrauen basiert auf den Erfahrungen und Geschichten von Beziehungen oder Ereignissen. Vertrauen kann die Qualität und Tiefe einer Beziehung beeinflussen.

Selbstvertrauen basiert auf der Fähigkeit, sich selbst realistisch einzuschätzen und seine eigenen Stärken und Schwächen zu erkennen. Es ist eng mit der Fähigkeit verbunden, Risiken einzugehen und Herausforderungen anzunehmen, sowie mit der Fähigkeit Fehler zu machen und daraus zu lernen.

Ein stabiles Selbstvertrauen setzt ein stabiles Selbstwertgefühl voraus... und Liebe zu sich selbst.

Eifersucht hingegen, ist ein Zeichen für Ängste in der Seele des Eifersüchtigen, denn wer ein gutes Selbstbewusstsein, Selbstvertrauen und Selbstwertgefühl besitzt, der hat es nicht notwendig eifersüchtig zu sein.

Liebe, Glauben, Vertrauen

Liebe, Glauben und Vertrauen können sich gegenseitig verstärken und unterstützen. Menschen, die an GOTT und Seine Liebe glauben, können mehr vertrauen und **man braucht nicht eifersüchtig zu sein.** ICH kann vertrauensvoll glauben, dass MEIN Leben behütet und geschützt ist, weil ICH mich auf GOTT und seine Liebe verlassen kann.

Menschen, die stark an Gott glauben, können dadurch ihr Selbstbewusstsein, ihr Selbstvertrauen und ihr Selbstwertgefühl stärken, weil sie sich als Teil eines größeren Ganzen empfinden dürfen, welche nicht nur von ihren eigenen Fähigkeiten abhängig sind.

Menschen, die an GOTT glauben, können ein Gefühl der Geborgenheit und des Vertrauens in sich selbst schaffen, in dem Eifersucht, Missgunst und Neid keinen Platz mehr haben.

Der Glaube an GOTT und sich selbst und an SEINE Fähigkeiten, kann also das Selbstwertgefühl stark beeinflussen.
Denn wer an GOTT und an sich selbst glaubt, der fühlt sich wertvoller und kompetenter, was wiederum das Selbstwertgefühl stärkt.

Und nun wichtig:
Wer an GOTT und an sich selbst glaubt (an seine eigene Wahrhaftigkeit, der weiß, dass er nicht lügt, betrügt, fremdgeht usw.), der kann einem Eifersüchtigen ruhig sagen:

„Alles was Du mir jetzt gesagt hast, unterstellst, vorwirfst usw., das ist NICHT MEIN Problem, das habe ich nicht getan.

Ob Du mir das nun glaubst, das ist mir egal, auch das ist nicht mein Problem... das Problem bist / hast du!

Aber ICH, ICH weiß, ICH bin sauber!!!"

Und danach sofort umdrehen und kein weiteres Wort mehr zu / mit dem Eifersüchtigen... der gern Krieg führen möchte.

An besten ist nun, sich anziehen und gehen... und HEUTE! heute kein Wort mehr darüber!

Es gibt Studien,
die zeigen, dass Menschen, die religiös sind, die an GOTT oder an die Liebe einer höheren Macht glauben, oft eine bessere mentale und physische Gesundheit und Stärke haben als Menschen ohne Glauben.

Es gibt Studien, die darauf hindeuten, dass der Glaube eine Art Schutzfaktor gegen Stress, Angst und Depression sein kann. **Eine bekannte Studie dazu ist die "Harvard Study of Adult Development", die von 1938 bis 2012 lief.**

Sie zeigte, dass Menschen, die religiös waren, die an GOTT oder an die Liebe einer höheren Macht glaubten, weit weniger unter Depressionen und anderen psychischen Problemen litten als Menschen ohne Glauben.

Kain erschlägt Abel...

Einen (wohl den allerersten) Eifersuchts - Klassiker finden wir in den ersten Seiten des Alten Testaments:

Kain erschlägt Abel:

- **aus Missgunst, Neid, Zorn und Eifersucht,**

- **weil Gott die Arbeit von Abel, seinen Fleiß und Erfolg mehr anerkennt als den von Kain.**

Kain und Abel werden als Symbole für verschiedene menschliche Eigenschaften und Verhaltensweisen betrachtet.

Beide brachten Opfergaben zu Gott: Kain brachte Früchte von seinem Feld, und Abel brachte das Erstgeborene seiner Herde. Gott nahm Abels Opfer an, aber Kains Opfer nicht. Dies machte Kain sehr wütend und eifersüchtig auf seinen Bruder.

In seiner Wut tötete Kain Abel

Als Gott Kain fragte, wo Abel sei, antwortete Kain: "Bin ich meines Bruders Hüter?" Gott wusste jedoch, was geschehen war, und verfluchte Kain. Er sagte, dass Kain ein ruheloser Wanderer auf der Erde sein würde und dass der Boden ihm keine Erträge mehr bringen würde. Kain fürchtete, dass jeder, der ihn finden würde, ihn töten könnte. Daher setzte Gott ein Zeichen auf Kain, damit niemand ihn töten würde.

Die Konsequenzen dieser Geschichte sind vielfältig:

Die Geschichte zeigt die zerstörerische Kraft von Eifersucht und Wut.

Sie betont, dass Gott über das Handeln der Menschen wacht und Gerechtigkeit walten lässt. Es ist die erste Erwähnung eines Brudermordes in der Bibel und zeigt die Tragik von Eifersucht und Gewalt unter Menschen.

Es bleiben Fragen dazu:

Einige Interpretationen legen nahe, dass es nicht so sehr um die Art des Opfers ging, sondern um die Einstellung der Opfernden. Abel brachte das Beste seiner Herde dar, während Kain möglicherweise nicht das Beste seiner Ernte darbrachte.

Gott sah in Abels Opfer eine aufrichtige Hingabe, während Kains Opfer möglicherweise weniger aufrichtig war. Eine andere Sichtweise ist, dass Gott Kain auf die Probe stellte.

Indem er Abels Opfer annahm und Kains nicht, wollte Gott Kains Reaktion sehen und ihm die Möglichkeit geben, seine Eifersucht und Wut zu überwinden.

Gott gab den Menschen den freien Willen, und das bedeutet, dass sie Entscheidungen treffen können, die nicht immer gut sind.

Gott wusste sicherlich, dass Kain eifersüchtig werden könnte, aber er griff nicht ein, um den freien Willen der Menschen zu respektieren.

JESUS sagt uns über Eifersucht:

Ein spezifisches Beispiel für Eifersucht unter den Aposteln in Bezug auf ihre Stellung neben Jesus wird nicht explizit erwähnt

Allerdings gibt es in den Evangelien Hinweise auf Rivalitäten, d.h. Eifersuchts - Diskussionen unter den Jüngern.

Ein bekanntes Beispiel findet sich im Evangelium nach Markus (Markus 9:33-37) und im Evangelium nach Lukas (Lukas 22:24-27**).**

In diesen Passagen diskutieren die Jünger darüber, wer von ihnen der Größte sei. Jesus antwortet ihnen, dass derjenige, welcher der Erste sein will, der Letzte von allen und der Diener aller sein soll.

Diese Diskussionen zeigen, dass es unter den Jüngern durchaus Eifersucht gab, aber Jesus lehrte sie, **dass wahre Größe im Dienen und in der Demut liegt.**

Inquisition und Eifersucht

Die Inquisition, die im Mittelalter und in der frühen Neuzeit den ganzen europäischen Raum beherrschte war ein katholisches Terrorsystem der Angst und des Schreckens.

Die Inquisition konzentrierte sich hauptsächlich auf die Bekämpfung von Häresie und Ketzerei.

Häresie bedeutete damals: Das kirchliche Dogma mit seinen Glaubenssätzen bzw. die Botschaft des Evangeliums bezweifeln oder leugnen.

Eifersucht wurde von der Inquisition als eine Charakterschwäche oder Verfehlung gesehen, die zu sündhaftem Verhalten führen konnte.

- **Eifersucht wurde - zusammen mit Neid - als eine der sieben Todsünden betrachtet, die in der christlichen Lehre verurteilt wurden.**

- **Auch wurde Eifersucht oft als Ausdruck von Teufelsbesessenheit gesehen, insbesondere im Mittelalter.**

- **Die Kirche sah es als eine Form von Dämonie an, die durch Besessenheit vom Teufel verursacht wurde.**

BUDDHA lehrte über die Eifersucht:

1. Buddha hat gelehrt, dass Ängste und Eifersucht eng miteinander verbunden sind.
   Buddha sah Angst und Eifersucht oft als die Ursachen von größtem seelischen Leid.

2. Buddha sagte, dass Ängste oft die Grundlage für Eifersucht bilden, da wir Angst vor dem Verlust oder der Ablehnung haben.

3. Diese Angst kann zu Eifersucht führen, wenn wir glauben, dass jemand oder etwas unsere Bedürfnisse und Gefühle bedroht.

4. Buddha lehrte, dass Eifersucht zu Hass, Wut und Schmerz führen kann und **dass Eifersucht durch Meditation, Selbstreflexion und die Entwicklung von Mitgefühl und Großzügigkeit überwunden werden kann.**

5. Buddha hat gelehrt, dass Eifersucht oft aus Stolz und Selbstbezogenheit kommt. (Narzissmus)

6. Wenn man glaubt, dass etwas oder jemand seine eigenen Bedürfnisse und Gefühle beeinträchtigen könnte, kann das zu Eifersucht führen.

7. Buddha lehrte, dass Angst und Eifersucht auf Unwissenheit und falschen Ansichten beruhen und dass sie durch den Pfad der Achtsamkeit und Weisheit überwunden werden können.

8. Buddha sah Eifersucht als eine Form von Geisteszustand, der durch Unzufriedenheit, Ungeduld und mangelndem Selbstwertgefühl entsteht.

9. Im Buddhismus gilt Eifersucht neben Gier und Hass, als eine der drei Hauptgifte des Geistes.

Buddha lehrte, dass die Eifersucht eine der stärksten der 10 Fesseln ist, die uns ein Leben lang an das RAD DES LEIDENS fesseln, wenn wir diese nicht erkennen und diese durch unser Verhalten erlösen.

Die 10 Fesseln des Rads des Leidens sind:

1. **Unwissenheit**
   bedeutet, dass wir die wahre Natur der Realität nicht erkennen. Unsere Vorurteile und Annahmen hindern uns
   daran, die Dinge so zu sehen, wie sie wirklich sind.

2. **Falsche Vorstellungen**
   bedeutet, dass wir uns Bilder und Ideen von uns selbst,
   über andere und der Welt machen, die nicht unbedingt der
   Realität entsprechen. Diese Vorstellungen können uns
   von der Wirklichkeit abhalten und uns in unserem Denken
   und Handeln einschränken.

3. **Ich-Bewusstsein oder die Selbstidentität**
   bedeutet, dass wir uns als separate Einheiten von anderen Menschen und der Welt wahrnehmen und uns wichtig
   genug nehmen. Diese Fessel hindert uns daran, die Verbindung zwischen uns und anderen zu erkennen und zu
   erleben.

4. **Krampfhafte Anhänglichkeit oder Festhalten**
   bedeutet, dass wir uns an Dinge, Menschen oder Ideen
   krampfhaft festhalten, weil wir Angst haben, sie zu verlieren oder uns nicht sicher fühlen ohne sie. Dieses Festhalten hindert uns daran, loszulassen und frei zu sein.

5. **Abstoßung oder Hass**
   bedeutet, dass wir bestimmte Dinge, Menschen oder
   Ideen ablehnen, weil wir sie als Bedrohung oder Gefahr
   wahrnehmen. Dieser Hass hindert uns daran, Akzeptanz
   und Verständnis zu entwickeln.

6. **Sinnliche Begierden**
   bedeutet, dass wir uns von unseren sinnlichen Bedürfnissen und Wünschen leiten lassen, wie etwa nach Liebe,
   Geld oder Materiellem. Wenn diese Begierden nicht gestillt werden, können diese zu Leiden und Unzufriedenheit
   führen.

7. Feindseligkeit

bedeutet, dass wir andere Menschen oder Gruppen ablehnen oder sogar bekämpfen, weil wir sie als Bedrohung oder Feinde wahrnehmen. Diese Feindseligkeit hindert uns daran, Frieden und Harmonie zu erleben.

8. Stolz oder das EGO

bedeutet, dass wir uns selbst zu wichtig nehmen und andere Menschen oder Dinge als unterlegen betrachten. Dieser Stolz hindert uns daran, Bescheidenheit und Demut zu entwickeln.

9. Ruhelosigkeit oder Unruhe

bedeutet, dass wir keine Ruhe finden und uns ständig abgelenkt fühlen, sei es durch Gedanken, Gefühle oder äußere Einflüsse. Diese Unruhe hindert uns daran, inneren Frieden und Klarheit zu erleben.

10. Unwissenheit über sich Selbst oder die Unbekanntheit mit unserer eigenen, wahren Natur

bedeutet, dass wir unsere wahre Identität und den wahren Zustand der Realität nicht erkennen und uns daher von falschen Annahmen und Vorstellungen leiten lassen.

Das Problem dabei ist, dass Eifersucht nicht allein steht, sondern sich

– in Abhängigkeit zu den Ereignissen des Lebens –

anteilmäßig über alle 10 Fesseln verteilt und dort überall beinhaltet ist .

Teil 18

Die Seele
wieder
heil werden
lassen

Teil 18 - Die Seele wieder heil werden lassen

Eifersucht, Neid, Missgunst, Misstrauen, Zorn usw. sind (als ein Bild betrachtet) Dämonen, sind ein DSCHIN, (aus dem arabischen = böser Geist), der sich nicht so leicht abschütteln lässt.

Dieser Eifersuchts - Dämon möchte bleiben, wie und wo er ist.

Der / die von diesem Dämon Besessene ist misstrauisch, beschuldigt gern andere, wird oft ausfallend, manche werden sogar gemein.

Nichts hilft: vernünftig reden hilft nicht, streiten nicht und schimpfen schon gar nicht.

Diese Kopfkino – Dämonen sind stark, sehr stark und sie lassen sich nicht überzeugen, denn sie sind von sich überzeugt, immer recht zu haben.

Das Drama bei diesen Eifersuchts-Menschen ist:
Viele brauchen erst vom Schicksal Tritte (Ärger, Streit, Trennungen, Scheidungen usw.) um überhaupt einzusehen, dass sie von diesem mächtigen Eifersuchts - Dämon besessen sind.

Aber ich glaube:

Gott möchte nicht, dass Ihre Seele, Ihre Beziehungen und Ihr Leben immer wieder durch Eifersucht, Neid, Missgunst, Misstrauen, Zorn usw. gestört, zerfressen oder gar zerstört werden...
Aber weil viele von Gott nichts mehr halten, nicht hinhören und sie sich immer noch von ihren dunklen Kopf - Kino - Dämonen lenken und leiten lassen, da erbetteln sie sich vom Schicksal geradezu Tritte.

Erst dann, wenn die eifersüchtige Persönlichkeit einsieht oder wahrnimmt, dass sie durch ihre Art bei sich selbst oder ihren Kindern oder Partner / in immer wieder Seelenleid erzeugt hat, vielleicht sogar schon mehrere Partnerschaften oder Ehen deshalb zerstört wurden, dann besteht bei vielen die Chance, dass sie endlich aufwachen, einsichtig werden und sie endlich den Wunsch haben, sich besser zu kontrollieren und dieser Eifersucht, Neid, Missgunst und dem ewigen Misstrauen zu entsagen.

Wie all diese Praxisbeispiele zeigen: Dieser DSCHIN, diese dunklen Eifersuchts - Kopfkino - Dämonen, diese dunklen Mächte sind in den Seelen vieler Menschen stark. Sie möchten Menschen beherrschen, möchten Krieg gegen andere führen und sie sind völlig uneinsichtig für die Folgen.

Psychologisch gesehen müsste man sagen:

Diese Eifersuchts - Kopfkino – Dämonen sind nur besiegbar, wenn sich Ihr Kopf – Ihr Verstand über sie stellt, sie aus Einsicht eisenhart bekämpft und Sie sich die Kraft dazu aus dem Glauben holen...
Und – glauben Sie mir - GOTT wird Ihnen helfen, ...wenn Sie darum bitten.

Ein Freund erzählte einmal: *„Wenn Dich jede Nacht die Frö-*
sche in Deinem Garten mit ihrem Gequake nicht schlafen las-
sen, dann nutzt es wenig, immer wieder Frösche zu erschla-
gen.
Wenn Du allerdings die Erde im Garten durch Wassergräben
entwässerst, dann verschwinden die Frösche von selbst."

...und genau darum geht es:

Man muss sich doch fragen, WOHER kommen eigentlich
diese Frösche... und wie werde ich sie los?
Die sind doch nicht einfach nur so da?

Diese Frage muss sich jeder Eifersuchtskranke stellen, denn
diese Hintergründe MÜSSEN bearbeitet, bzw. behandelt werden.

Also braucht jeder Mensch mit einem ausgeprägten Eifer-
suchtssyndrom PSYCHOTHERAPIE, um diesem Dämon
seine Macht zu nehmen.

Die Seele wieder heil werden lassen

Ich habe mir dieses Thema ganz bewusst bis zum Ende dieses
Buches aufgehoben, weil es für so manchen unangenehm ist und
nicht so gern gesehen oder gehört wird.

Häufig habe ich in den Therapien von meinen Patienten(innen)
ungute Schilderungen über Eifersuchtsgeschichten und Eifer-
suchtsdramen in ihrer Familie, Ehe oder Partnerschaft zu hören
bekommen.

Alle erzählten: *„Da ist heute noch viel Verletzung, Schmerz, Trauer und Leid in meiner Seele. Ich kann das alles nicht verstehen bzw. vergessen.“*

Für mich war immer die Frage:
„Wie kann man all das je wieder heilen bzw. wiedergutmachen?“ Das Problem ist: solange diese Angst – Eifersucht nicht geheilt ist, solange lebt der / die Eifersuchtskranke in seiner eigenen Kopfkino - Welt.

Wie geht es da wohl der Seele seines nicht eifersüchtigen Partners(in), der/die das alles jahrelang mitmachen, sich immer wieder misstrauisch anklagen, beschuldigen und beschimpfen lassen musste? Dessen Seele hat doch gelitten... oder?

Oder noch schlimmer:
Wie geht es da wohl der Seele eines Kindes oder von Kindern, welche das alles jahrelang bei einem eifersüchtigen, neidischen und misstrauischen Elternteil mitmachen und erleben und ertragen mussten?

Freiwerden von Eifersucht,
heißt auch:
Schuld begleichen

Ich lobe jeden Eifersüchtigen, der / die endlich dieses ungute Problem bearbeiten möchte. Aber: Wer endlich seine Eifersucht beenden und danach im Vertrauen glücklich leben möchte, der muss versuchen, seinen Schuldberg aus seiner Eifersuchtsvergangenheit zu begleichen.

Klar - könnte man nun ganz cool sagen:

„Vergangen ist vergangen, ich muss jetzt nach vorn schauen. Ich möchte von meiner Vergangenheit nichts mehr sehen und hören."

Vorsicht Gewissen

Aber: Ihr Gewissen, Ihre Seele, die ja diese ganze oft ungute Angst - Eifersuchts - Vergangenheit miterlebt und mitgelitten hat, diese wird Sie nicht zur Ruhe kommen lassen, solange, bis der „alte Schuldberg" abgebaut und beglichen ist.

Ihre Seele möchte nämlich, dass in Ihrem Leben endlich wieder wirklich Frieden einkehren kann. Es geht eben nicht, zu sagen: *„Vergangen ist vergangen. Das alles interessiert mich nicht mehr, ICH muss nun nach vorn schauen."*

Ein weiser Spruch sagt:
„Was Du gesät hast, das musst auch Du ernten und selbst aufessen!"

Reinen Tisch machen

Wer Frieden und Vertrauen in seinem Herzen tragen möchte, der / die SOLLTE mit seiner Vergangenheit reinen Tisch machen. Klar, das bedeutet: Ich sollte insbesondere dem ehemaligen Partner / in gegenüber Verständnis, Einsicht und Demut zeigen... und:

**Für die Vergangenheit und was ich dem / der anderen mit meinen Anklagen, Verdächtigungen, Beleidigungen, Beschimpfungen usw. angetan habe
um Verzeihung bitten...
und das vom ganzen Herzen.**

Ja klar, das ist ein bitterer Demutsweg und dieser tut unter Umständen auch weh.

Aber denken Sie bitte daran: Dem anderen, dem/der Partner(in), Kindern usw. hat Ihre Eifersuchtskrankheit jedes Mal aufs Neue weh getan.. unter Umständen viele Jahre lang und da sind viele Verletzungen in deren Seelen entstanden... (alle Praxisbeispiele sprechen davon)

**Was ist da hingegen eine ganz ehrlich gemeinte,
aus dem tiefen Herzen der Einsicht kommende
Entschuldigung,
eine Bitte um Verzeihung.**

Denn ungeschehen, ungeschehen kann man das alles sowieso nicht mehr machen.

Jetzt den Reue- und Demutsweg zum Anderen zu gehen,

das zeugt von Charakterstärke.

**Das ist christlich,
tut beiden Seelen gut und...
das heilt!**

Denn:

„Nur wer um Verzeihung bittet,
nur dem kann auch verziehen werden."

In diesem Sinne, herzlichst,
Ihr

Carlo Luciano Weichert

Heilpraktiker,
Gesprächs-, Familien- und Hypnosetherapeut

La Palma, im Mai 2025

Homepage:
http://www.naturheilpraxis-weichert.de

Ich hoffe, dass Ihnen dieses Buch gefallen hat.
Ich würde mich freuen, wenn Sie mir schreiben.

Biografie des Autors:

Über meinen Freund Carlo Luciano Weichert, einen Schriftsteller mit einer Vision

Manchmal bringt das Leben Menschen zusammen, wenn man sie am meisten braucht. So war es bei Carlo und mir.

Nach Monaten voller Schmerzen, falscher Diagnosen und einem endlosen Medikamentenmarathon traf ich Carlo, als ich ihn am meisten brauchte. Ich rief das Universum um Hilfe an und keine drei Tage später stand Carlo plötzlich vor mir, so schnell wie ein Geschenk des Schicksals.

Carlo ist jemand, der zuhört, der hinsieht und der mit tiefem Verständnis und Mitgefühl für das, was der andere durchmacht, seine Unterstützung anbietet. Ohne zu zögern hat er mir seine Hilfe angeboten und mir mit Rat und Tat zur Seite gestanden. Seine Fürsorge war ebenso einfühlsam wie professionell und ich fühlte mich zum ersten Mal in meiner Krankheitsgeschichte wirklich verstanden. Er unterstützte mich nicht nur durch seine Heilkunst, sondern auch durch seine ruhige und aufrichtige Präsenz, die Vertrauen und Hoffnung schenkte.

In seinen Büchern teilt Carlo diese wertvollen Einsichten und all das Wissen, das er in mehr als fünf Jahrzehnten Erfahrung gesammelt hat.

Sein Ziel ist klar: den Menschen zu helfen, inneren Frieden zu finden und sich selbst zu verstehen, egal wie herausfordernd der Lebensweg auch sein mag. Seine Werke sind ein Geschenk für alle, die Rat suchen und vielleicht auf die eine Inspiration hoffen, die den nächsten Schritt leichter macht.

Carlo schreibt mit einer Hingabe, die aus dem echten Bedürfnis erwächst, anderen auf ihrem Weg zu helfen. Seine Mut-Mach-Bücher sind ein Spiegel seiner eigenen Reisen und Erkenntnisse, die den Leser einladen, eigene Lösungen zu entdecken und Kraft zu schöpfen. Ich bin dankbar, Carlo als Freund an meiner Seite zu haben und als jemanden, der die Gabe hat, Heilung und Verständnis zu schenken.

Mit diesen Gedanken hoffe ich, ihn und seine Arbeit für viele andere Menschen sichtbar zu machen, die auf der Suche nach Antworten sind - und vielleicht, wie ich damals, ein kleines Wunder brauchen.

Michael Kurth Al Naqib

Carlo Luciano Weichert wurde im völlig zerstörten Nachkriegs - Berlin geboren. Sein christlich - soziales Denken und der Wunsch, kranken Menschen helfen zu wollen, wurden in seiner Kindheit geprägt.
Hier erlebte er große Armut, soziale Ablehnung und Alkoholismus in seinem Elternhaus und Umgebung. Lebenslange gesundheitliche Probleme und Krankheiten waren seine ständigen Begleiter.

Für ihn ist sein Leben sogleich Berufung.
Er arbeitete gut 25 Jahre in seiner psychosomatischen Praxis mit naturheilkundlicher Ganzheitsmedizin, Gesprächs- und Familientherapie sowie Heilhypnose.
Er war Dozent an den Volkshochschulen seiner Landkreise, an den Kreisbildungswerken der Kirche, sowie bei Heilpraktiker- und

psychologischen Schulen, Tagungen, Kongressen und Radiosendungen.

In seinen Publikationen und Mut – Mach - Büchern versucht er seine Lebens- und Praxiserfahrungen als Information und Ratgeber für Interessierte weiterzugeben.

Heute, gut 75 - jährig, lebt Carlo aufgrund seiner rheumatischen Erkrankung auf La Palma, einer Insel, die er als Gottgeschenk und Jungbrunnen beschreibt, wo es ihm gesundheitlich gut geht.

Aktuelle Mut – Mach - Bücher von Carlo Luciano Weichert:

Eifersucht: Beziehungskiller Nr. 1   **Psychol. Ratgeber**
Die Angst vor sexueller Untreue
BoD – Verlag ISBN 9783769376319 (2025)

Warum wird mein Kind nicht gesund?
Wie Sie die wahren Ursachen von Krankheiten bei Kindern erkennen und behandeln
BoD – Verlag ISBN 9783769302813 (2025)   **Eltern - Ratgeber**

„Dein Glaube hat Dir geholfen"   **Spirit. Ratgeber**
Gott erfahren durch spirituelle Hypnosetherapie
BoD - Verlag ISBN 9783758369568 (2024)

„Die getaufte Muslima"   **Roman**
BoD - Verlag ISBN 9783749446889 (2023)

"Liebe auf dem Jakobsweg" -   **Roman**
Drei Frauen und der Heilige Santiago bestimmen das Schicksal
seines Lebens
BoD - Verlag ISBN 9783755715184 (2021)

"Hilfe, mein Kind ist schon wieder krank"   **Eltern - Ratgeber**
BoD - Verlag ISBN 9783758307232 (2023)

"Ich möchte Dich   **Psychol. Ratgeber**
endlich einmal verstehen"
Menschenkenntnis durch Märchen, Charakter- und Persönlichkeitsstrukturen
BoD - Verlag ISBN 9783752638806 (2021)

Seelenkrisen – Partnerkrisen   **Psychol. Ratgeber**
Geschichten aus dem Leben – für das Leben
BoD - Verlag ISBN 9783752670325 (2021)

Alkohol...   **Psychol. Ratgeber**
"Du hast mir sehr weh getan"
Probleme, Störungen oder Zerstörungen von Ehen und Partner-
schaften durch Alkohol
BoD - Verlag ISBN 9783758312755 (2023)

"Wenn die Seele ruft..."   **Reiseerzählung**
Erlebnisse, Erkenntnisse und Erfahrungen auf dem
Jakobsweg
BoD - Verlag ISBN 9783751920025 (2019)

"Für Dich: Alles Liebe, Dein Papa"   **Ratgeber**
Kinderseelen im Spannungsfeld zwischen dem Elternhaus, der
Schule und ihren eigenen Bedürfnissen
BoD - Verlag ISBN 9783751984645 (2019)

In Vorbereitung:

*Knutschen, vögeln, Pizza-essen,
die Krux mit der großen Liebe
*60+ Nicht die Erektion ist wichtig, sondern die Liebe.

Nur noch im Antiquariat erhältlich:

Spirituelle Hypnose, Begegnungen mit Engeln, Verstorbenen und der Göttlichen Welt in uns
Humble - Verlag ISBN 9789088791697 (Neubearbeitung Januar 2018)

Wunder dauern etwas länger
Erlebnisse und Erfahrungen zweier Seelen auf dem portugiesischen Jakobsweg, Freya-Verlag (2008)

Hilfe, unser Kind ist schon wieder krank
Ganzheitlich heilen, VAK - Verlag (2004)

Pilzerkrankungen bei Kindern
Midena-Verlag (1997)

Krank durch Antibiotika
EDIS - Verlag (1995)

„Du kannst es Dir nicht aussuchen,

ob Du dieses oder jenes Schicksal

haben möchtest, denn:

Was Dir von Gott bestimmt ist,

ist Dir bestimmt.

Aber Deine Aufgabe ist es,

aus alledem,

was Dir im Leben passiert,

immer das Beste zu machen."

STUFEN DES LEBENS:

Wie jede Blüte welkt
und jede Jugend dem Alter weicht,
blüht jede Lebensstufe,
blüht jede Weisheit auch... und jede Tugend,
zu ihrer Zeit ... und darf nicht ewig dauern.

Es muss das Herz bei jedem Lebensrufe
bereit zu Abschied sein - und Neubeginne,
um sich in Tapferkeit - und ohne trauern,
in andre, neue Bindungen zu geben....
Und jedem Anfang wohnt ein Zauber inne,
der uns beschützt, und der uns hilft zu leben.

Wir sollen heiter - Raum um Raum durchschreiten,
an keinem, wie an einer Heimat hängen.
Der Weltgeist - Gott - will nicht fesseln uns und engen!
Er will uns Stuf um Stufe heben - weiten.

Doch..., kaum sind wir traulich eingewohnt einem
Lebenskreise, so droht erschlaffen;
Nur wer bereit, zu Aufbruch ist und Reise,
mag lähmender Gewöhnung sich entraffen.

Es wird vielleicht auch noch die Todesstunde
uns neue Räume jung entgegensenden.
Des Lebens Ruf an uns - wird niemals enden...

Wohlan denn Herz - nimm Abschied - und gesunde.

Hermann Hesse, 1941

Von guten Mächten wunderbar geborgen
erwarte ich getrost,
was kommen mag.

Gott ist bei mir
am Abend und am Morgen
und ganz bestimmt...
an jedem neuen Tag.

Dietrich Bonhoeffer
Verfasst in Gestapo-Haft 1944